EL NERVIO VAGO

LA GUÍA DEFINITIVA PARA ACTIVAR EL SISTEMA NERVIOSO, ALIVIAR EL ESTRÉS Y MEJORAR EL BIENESTAR INTEGRAL

THERON VAYNE

ÍNDICE

Introducción: Tu aliado oculto para el
bienestar   vii

Capítulo 1: ¿Qué es el nervio vago?
Anatomía y función básicas   1

Capítulo 2: El nervio vago y el sistema
nervioso autónomo   8

Capítulo 3: El nervio vago y el cerebro:
mente y cuerpo conectados   15

Capítulo 4: El nervio vago y la salud
física   21

Capítulo 5: Estimulación del nervio
vago: respiración consciente   27

Capítulo 6: Estimulación del nervio
vago: el poder del frío   35

Capítulo 7: Estimulación del nervio
vago: sonidos y vibraciones   43

Capítulo 8: El nervio vago y la relajación
muscular   52

Capítulo 9: El nervio vago y el bienestar
emocional   59

Capítulo 10: El nervio vago y el manejo
del estrés   65

Capítulo 11: El nervio vago y la conexión
social   69

Capítulo 12: El nervio vago en la
medicina moderna   74

Capítulo 13: El nervio vago y la salud
intestinal   81

Capítulo 14: La importancia del sueño y
el nervio vago   85

Capítulo 15: El nervio vago y la
espiritualidad   89

Capítulo 16: El nervio vago en la mejora
del rendimiento 93
Capítulo 17: Nervio vago y longevidad 98
Capítulo 18: Integración del nervio vago
en la vida diaria 103
Conclusión: el viaje hacia el bienestar
con el nervio vago 108

INTRODUCCIÓN: TU ALIADO OCULTO PARA EL BIENESTAR

Bienvenido a un viaje que podría transformar tu vida o, al menos, ofrecerte una perspectiva nueva, sorprendente y llena de posibilidades. Este libro no trata sobre conceptos abstractos ni teorías alejadas de la realidad, sino de un fenómeno que llevas dentro de ti: un "aliado oculto" que puede mejorar notablemente tu bienestar físico y mental. Estoy hablando del nervio vago.

Sí, el nervio vago. Quizás hayas oído hablar de él, pero ¿realmente sabes qué es y cómo funciona? No te preocupes si aún no tienes mucha información al respecto: en este libro te acompañaré paso a paso para descubrir este sistema extraordinario que regula numerosos aspectos de tu cuerpo y mente. Es como abrir una puerta hacia un bienestar más profundo y duradero, un estado que va más allá de la simple ausencia de enfermedad y que abarca un equilibrio físico y emocional capaz de potenciar cada día de tu vida.

El nervio vago: un protagonista esencial para nuestro bienestar

El nervio vago es una de las estructuras más poderosas y fascinantes de nuestro organismo. Es el "puente" principal que conecta el cerebro con órganos vitales como el corazón, los pulmones, el estómago, los intestinos e incluso la garganta. Su nombre proviene del latín *vagus*, que significa "errante", y refleja perfectamente su capacidad para extenderse como una red a lo largo de todo el cuerpo, influyendo en múltiples funciones fisiológicas y psicológicas.

Probablemente no lo sabías, pero el nervio vago es crucial para el buen funcionamiento del sistema nervioso autónomo, que se encarga de controlar funciones involuntarias como la respiración, la digestión y el ritmo cardíaco. Además, es clave para nuestra capacidad de "desconectar", ayudándonos a pasar de un estado de activación (lucha o huida) a uno de relajación, promoviendo la calma y la recuperación.

La buena noticia es que este nervio se puede entrenar. Estimular el nervio vago puede reducir el estrés, mejorar el ánimo, aumentar la energía y fortalecer tanto la salud física como la mental. Esto no ocurre por azar, sino que es un proceso que puedes gestionar activamente a través de técnicas sencillas y efectivas que aprenderás a lo largo de este libro.

Cómo impacta el nervio vago en nuestro cuerpo y mente

Imagínate estar bajo estrés, ansiedad o sentirte abrumado por las exigencias del día a día. Tu cuerpo responde activando el sistema simpático, el cual te prepara para luchar o huir: el ritmo cardíaco se acelera, la respiración se vuelve superficial y rápida, y los músculos se tensan. Si este estado de activación persiste sin control, puede derivar en agotamiento físico y mental.

Ahora, piensa en el nervio vago como un interruptor capaz de desactivar este estado de alerta y devolverte a un estado de calma y recuperación. Al estimular el nervio vago, se activa el sistema parasimpático, que "reinicia" el organismo: el ritmo cardíaco disminuye, la respiración se vuelve más profunda y relajada, y los músculos liberan tensión. Esto no solo te hace sentir mejor, sino que también mejora tu salud al reducir la inflamación, bajar la presión arterial y potenciar el sistema inmunológico.

Además de los beneficios físicos, el nervio vago impacta directamente en nuestra mente. Estudios en neurociencia han demostrado que una buena estimulación del nervio vago puede mejorar el estado de ánimo, aumentar la resistencia al estrés y optimizar la regulación emocional. En pocas palabras, estimular el nervio vago te hace más fuerte, más tranquilo y más equilibrado, tanto a nivel físico como mental.

Los objetivos de este libro

El propósito de este libro es claro: proporcionarte las claves para utilizar el nervio vago como una herramienta poderosa de crecimiento personal. Aprenderás a estimularlo de manera natural mediante prácticas cotidianas que te permitirán reducir el estrés, mejorar tu bienestar y optimizar tu salud. No necesitas ser un experto en neurociencia para comprender y aplicar la información que compartiré contigo. Este libro está pensado para todos, sin importar su nivel de experiencia previa.

El viaje que estás a punto de emprender te brindará una comprensión más profunda de tu cuerpo y mente. Descubrirás cómo la estimulación del nervio vago puede convertirse en una práctica accesible, segura y sumamente efectiva para mejorar tu vida diaria. Lo más emocionante de este proceso es que cada pequeño paso que des te acercará a una versión más feliz, energética y equilibrada de ti mismo.

Prepárese para explorar el poder del nervio vago

El nervio vago es un poderoso aliado que puede estimular cada día de forma sencilla y natural. En este libro descubrirá no solo sus funciones biológicas, sino también técnicas prácticas para activarlo, desde la respiración consciente hasta la exposición al frío, pasando por prácticas de relajación muscular y meditación. Cada capítulo le guiará a través de ejercicios concretos que podrá incorporar en su rutina diaria para obtener resultados tangibles e inmediatos.

Si busca mejorar su estado de ánimo, reducir los niveles de estrés o simplemente encontrar una manera más efectiva de enfrentar los desafíos cotidianos, estimular el nervio vago es un paso fundamental. Cada lectura, cada ejercicio le acercará a un bienestar que trasciende lo superficial, orientándose hacia una salud integral que abarca mente, cuerpo y espíritu.

Comience su viaje hoy mismo. El nervio vago le está esperando, listo para ser estimulado y cumplir su función en beneficio de su bienestar. A cada paso descubrirá cómo mejorar su calidad de vida de manera natural, profunda y duradera. ¿Está listo? Entonces, siga leyendo y descubra todo lo que el nervio vago tiene para ofrecerle.

CAPÍTULO 1: ¿QUÉ ES EL NERVIO VAGO? ANATOMÍA Y FUNCIÓN BÁSICAS

Cuando pensamos en nuestro cuerpo, muchas veces desconocemos los complejos mecanismos que lo regulan de manera silenciosa pero extremadamente eficiente. Uno de los principales protagonistas de estos procesos invisibles, que influyen en todos los aspectos de nuestro bienestar físico y mental, es el nervio vago. Este nervio, que recorre nuestro cuerpo como una especie de "red de comunicación", juega un papel vital en el equilibrio entre nuestro cuerpo y nuestra mente. Pero ¿qué es realmente el nervio vago? ¿Cómo funciona? ¿Y cómo podemos utilizarlo para mejorar nuestra salud?

En este capítulo, exploraremos su anatomía, su funcionamiento y su impacto en numerosas funciones fisiológicas y emocionales. Descubriremos cómo un nervio que se extiende desde la cabeza hasta el abdomen puede tener una influencia tan profunda en nuestro bienestar y cómo podemos aprender a estimularlo para promover nuestra salud y serenidad.

La estructura anatómica del nervio vago

El nervio vago es uno de los doce nervios craneales que emergen directamente del cerebro y del tronco encefálico. Su nombre, derivado del latín *vagus*, que significa "errante", refleja su increíble alcance y capacidad para "vagar" por el cuerpo, ramificándose en muchas áreas vitales.

Este nervio se origina en el tronco del encéfalo, concretamente en el núcleo del nervio vago, situado en la parte inferior del cerebro, y se divide en múltiples ramas que se extienden hacia el corazón, los pulmones, el estómago, los intestinos e incluso la garganta. Es el más largo de los nervios craneales e influye en una amplia gama de funciones fisiológicas.

El nervio vago se describe con frecuencia como parte del sistema nervioso parasimpático, esa parte del sistema nervioso autónomo responsable de "ralentizar" y "relajar" el cuerpo, en contraste con el sistema simpático, que estimula la activación (como en el caso de la respuesta de "luchar o huir"). En términos prácticos, el nervio vago es un regulador de la calma, la recuperación y la relajación.

La función del nervio vago en el cuerpo

El nervio vago actúa como un "puente" que conecta el cerebro con muchos de los órganos vitales. Se ramifica en diferentes direcciones y afecta a muchas funciones, desde las cardiovasculares hasta las respiratorias, digestivas e inmunitarias. Así interactúa el nervio vago con los principales sistemas del cuerpo:

1. **Corazón y circulación:** El nervio vago desempeña un papel fundamental en la regulación del ritmo cardíaco. Cuando se activa, reduce la velocidad de los latidos del corazón, promoviendo una presión arterial más baja y una respuesta de relajación. Es el "freno" que nos permite salir del modo estrés y volver a un estado de equilibrio.

2. **Pulmones y respiración:** El nervio vago también regula la respiración, estimulando el reflejo de exhalación. Además, su estimulación fomenta una respiración más profunda y lenta, crucial para activar el sistema parasimpático y reducir el estrés.

3. **Sistema digestivo:** Una de las áreas más sorprendentes donde el nervio vago ejerce su influencia es el sistema digestivo. Estimula la producción de jugos gástricos, facilita la peristalsis intestinal (movimiento de los alimentos a través del intestino) y favorece una digestión eficiente,

promoviendo la asimilación adecuada de
los nutrientes.

4. **Sistema inmunológico:** El nervio vago también es un poderoso regulador de la inflamación. Al estimular este nervio, el cuerpo puede reducir la inflamación sistémica, mejorando así la respuesta inmunológica y protegiendo contra enfermedades crónicas.

5. **Garganta y voz:** El nervio vago inerva la laringe, la faringe y otras estructuras que controlan la voz y la deglución. Por este motivo, suele asociarse con la capacidad de comunicarnos; su estimulación puede mejorar nuestra capacidad para expresar emociones y comunicarnos de manera clara y efectiva.

Tono vagal y estimulación vagal: conceptos clave

Cuando hablamos del nervio vago, a menudo nos encontramos con los términos "tono vagal" o "estimulación vagal". Estos conceptos, aunque sencillos de comprender, abarcan un mundo complejo de interacciones fisiológicas.

- **Tono vagal:** El tono vagal mide la "fuerza" y la "capacidad" del nervio vago para responder a las necesidades del cuerpo. Un tono vagal elevado indica que el cuerpo puede pasar rápidamente de un estado de estrés (activado por el sistema simpático) a un estado de relajación (activado por el sistema parasimpático). Un buen tono vagal se asocia con una mejor salud física y mental: una persona con un tono vagal saludable es más capaz de gestionar el estrés, mantener un buen equilibrio emocional y afrontar situaciones difíciles sin esfuerzo adicional.

- **Estimulación vagal:** Estimular el nervio vago implica activar conscientemente este componente del sistema nervioso parasimpático para mejorar nuestro bienestar. La estimulación vagal puede lograrse mediante diversas técnicas, como la respiración profunda, la meditación, la exposición al frío o incluso la estimulación eléctrica en entornos médicos. Cada método tiene un impacto directo en el sistema parasimpático, ayudando a reducir el estrés y a favorecer la recuperación.

La inervación del nervio vago en los órganos principales:

Como hemos mencionado, el nervio vago es una "red de comunicación" entre el cerebro y los órganos. Sin embargo, para entender verdaderamente su importancia, es esencial saber exactamente dónde actúa y qué funciones realiza. El nervio vago inerva los siguientes órganos principales:

- **Cerebro:** Transmite señales al cerebro, ayudando a regular el estado de ánimo, la percepción del dolor y las respuestas emocionales.
- **Corazón:** Regula el ritmo cardíaco y la presión arterial.
- **Pulmones:** Controla la respiración y la ventilación pulmonar.
- **Estómago e intestinos:** Es fundamental para la motilidad intestinal, la digestión y la asimilación de nutrientes.
- **Hígado:** Participa en la secreción de bilis y la regulación metabólica.
- **Riñones:** Afecta la función renal, ayudando a mantener el equilibrio hídrico y salino del cuerpo.

El nervio vago es una de las estructuras más fascinantes y poderosas de nuestro cuerpo. Su compleja anatomía y su función en la regulación del sistema nervioso autónomo lo convierten en una pieza clave para nuestro bienestar físico y mental. Comprender cómo funciona y cómo podemos estimularlo resulta esencial para mejorar nuestra salud, reducir el estrés y alcanzar un estado de equilibrio.

CAPÍTULO 2: EL NERVIO VAGO Y EL SISTEMA NERVIOSO AUTÓNOMO

A lo largo de nuestra vida, nuestro cuerpo debe adaptarse y responder constantemente a estímulos externos e internos. Para hacerlo de manera eficiente, sin necesidad de esfuerzo consciente constante, el cuerpo se apoya en un sofisticado sistema de regulación automática, que actúa tras bambalinas. Este sistema es el sistema nervioso autónomo, y el nervio vago, que vamos a tratar, es uno de los principales actores de este sistema. ¿Pero cómo funciona exactamente? ¿Y por qué es tan importante para gestionar el estrés y nuestro bienestar general?

En este capítulo, te guiaré para descubrir este sistema, destacando el papel fundamental del nervio vago en el equilibrio entre dos fuerzas que regulan nuestro estado de salud: el sistema simpático y el sistema parasimpático. Exploraremos juntos cómo su interacción impacta nuestro estado físico y emocional, y cómo podemos usar este equilibrio para mejorar nuestra vida diaria, reducir el estrés y prevenir la ansiedad.

El Sistema Nervioso Autónomo: regulación silenciosa

El sistema nervioso autónomo (SNA) es la red de nervios que regula las funciones corporales que no requieren nuestra intervención consciente: desde los latidos del corazón hasta la digestión, desde la respiración hasta la sudoración. Su función es mantener la homeostasis, o el equilibrio interno del cuerpo, en respuesta a cambios ambientales, emociones y comportamientos.

El sistema nervioso autónomo está compuesto por dos componentes principales:

1. **El sistema simpático**: responsable de preparar el organismo para afrontar situaciones estresantes o peligrosas, activando la famosa respuesta de "lucha o huida". En términos prácticos, favorece la liberación de adrenalina, aumenta el ritmo cardíaco, dilata las pupilas y suspende temporalmente funciones no esenciales, como la digestión.

2. **El sistema parasimpático**: el "sistema de descanso y digestión", que realiza la función

contraria. Cuando el cuerpo está en un estado relajado, el sistema parasimpático reduce el ritmo cardíaco, estimula la digestión y favorece la recuperación de energía.

El nervio vago: el protagonista del sistema parasimpático

El nervio vago, como mencionamos anteriormente, es el principal nervio del sistema parasimpático. Se extiende desde el tronco del encéfalo hasta órganos vitales, como el corazón, los pulmones, el estómago y los intestinos, y es responsable de las señales que hacen que el cuerpo se "calme" después de una respuesta de excitación. En resumen, el nervio vago es nuestro aliado para recuperar y restablecer el equilibrio después de un período de estrés o esfuerzo.

Imagina que te encuentras en una situación estresante. El sistema simpático se activa: el corazón late más rápido, la mente se llena de pensamientos acelerados, los hombros se contraen. Ahora, el nervio vago entra en juego para devolver la calma al cuerpo. Al estimular el nervio vago, podemos disminuir el ritmo cardíaco, reducir la presión arterial, aliviar la tensión muscular y promover una respiración más profunda y lenta. Estos efectos son cruciales para evitar que el estrés se convierta en crónico y proteger nuestro organismo de daños a largo plazo.

El equilibrio entre simpático y parasimpático

El sistema nervioso autónomo no se compone de dos fuerzas que operan de forma independiente; más bien, el sistema simpático y el sistema parasimpático están constantemente en diálogo entre sí, tratando de mantener un equilibrio dinámico. Si el sistema simpático toma el control, podemos sentirnos sobrecargados de estrés, ansiedad y dificultad para relajarnos. En cambio, si prevalece el sistema parasimpático, nos sentimos más tranquilos, centrados y capaces de afrontar los retos diarios con mayor serenidad.

Sin embargo, nuestro estilo de vida moderno, compuesto de horarios agitados, presión y estimulación continua, tiende a empujar el sistema nervioso hacia una activación simpática constante. Este estado de "sobreactivación" suele asociarse a síntomas de ansiedad, fatiga y dificultad para dormir. Aquí es donde entra en juego nuestra capacidad para estimular el nervio vago, promoviendo un cambio de rumbo y permitiendo que el cuerpo regrese a un estado de equilibrio.

Cómo afecta el nervio vago al manejo del estrés

El estrés crónico es uno de los principales factores que amenazan nuestra salud física y mental. Estresado, el cuerpo puede volverse vulnerable a enfermedades cardiovasculares, diabetes, trastornos gastrointestinales y ansiedad. La estimulación del nervio vago es una de las técnicas más efectivas para contrarrestar los efectos del estrés crónico.

El nervio vago tiene la capacidad de reducir la liberación de hormonas relacionadas con el estrés, como el cortisol, promoviendo la relajación y la recuperación. Una buena estimulación vagal nos ayuda a disminuir la activación del sistema simpático, reduciendo la sensación de estar sobrecargados por lo que nos rodea. Por ello, aprender a estimular el nervio vago es fundamental no solo para nuestro bienestar físico, sino también para nuestra salud emocional y psicológica.

El nervio vago y la ansiedad

Uno de los aspectos más interesantes de la estimulación del nervio vago es su papel en el tratamiento de la ansiedad. Las personas con ansiedad tienden a vivir en un estado de hiperactivación del sistema simpático, en el que el cuerpo "siente" amenazas incluso cuando no existen. La estimulación del nervio vago ayuda a romper este ciclo, restaurando el cuerpo a un estado de relajación y reduciendo los niveles de ansiedad.

Estudios recientes han evidenciado que la estimulación vagal puede reducir significativamente los síntomas de ansiedad, mejorar la resiliencia psicológica y promover una sensación general de bienestar. Pero, ¿cómo estimular el nervio vago de forma práctica?

Estimulación vagal para reducir el estrés y la ansiedad

Existen varias formas de estimular el nervio vago y promover el equilibrio entre los sistemas simpático y parasimpático. Algunos de estos métodos pueden incorporarse fácilmente en la vida diaria y ofrecer un apoyo tangible para controlar el estrés. Algunos ejemplos incluyen:

1. **Respiración profunda y controlada:** la respiración diafragmática estimula directamente el nervio vago, lo que ayuda a disminuir el ritmo cardíaco y promueve la relajación.
2. **Meditación mindfulness y atención plena:** la meditación centrada en la respiración aumenta la actividad vagal y mejora la gestión emocional.
3. **Exposición al frío:** la inmersión en agua fría, las duchas frías o incluso la exposición rápida al frío estimulan el nervio vago, ayudando a recuperarse del estrés.
4. **Prácticas de yoga y técnicas de relajación:** las posiciones de yoga, especialmente aquellas que fomentan la respiración profunda, son excelentes para estimular el nervio vago.

5. **Cantar y reírse de manera natural:** sí,
   incluso actividades placenteras como cantar
   o reír estimulan el nervio vago y mejoran el
   tono vagal.

El nervio vago es nuestro aliado natural en el manejo del estrés y la ansiedad. Aprender a estimularlo de forma eficaz puede ayudarnos a aportar equilibrio a nuestro cuerpo y mente, mejorando nuestro bienestar a largo plazo. El punto clave es reconocer su rol fundamental en el sistema nervioso autónomo y aplicar técnicas que favorezcan su activación.

CAPÍTULO 3: EL NERVIO VAGO Y EL CEREBRO: MENTE Y CUERPO CONECTADOS

En el ámbito científico, a menudo se percibe la mente y el cuerpo como dos entidades separadas. Sin embargo, el nervio vago demuestra que la mente y el cuerpo están profundamente conectados, unidos por una red de comunicaciones invisibles que orquestan nuestra experiencia de bienestar. En este capítulo, exploraremos cómo el nervio vago desempeña un papel fundamental en la salud mental, influyendo en nuestro estado de ánimo, nuestras emociones y nuestra actividad cerebral. Comprender esta conexión le proporcionará las herramientas para mejorar su vida diaria, reducir el estrés y promover un equilibrio mental duradero.

El nervio vago y el sistema límbico: el centro de las emociones

Para comprender completamente cómo el nervio vago afecta la salud mental, primero debemos explorar una parte clave de nuestro cerebro: el sistema límbico. Este sistema es nuestro "centro de las emociones" e incluye estructuras clave como la amígdala, el hipocampo y el tálamo. Aquí es donde nacen las emociones, pero también donde se forman las respuestas conductuales a las experiencias emocionales.

El nervio vago juega un papel crucial en la regulación de la actividad de este "centro de las emociones". Cuando estimulamos el nervio vago, enviamos una señal de calma a la amígdala, reduciendo nuestra respuesta emocional automática. La amígdala, que normalmente reacciona ante estímulos amenazantes o estresantes con una respuesta de miedo y ansiedad, se vuelve más "flexible" cuando el nervio vago está activo, lo que facilita una respuesta más equilibrada y menos reactiva a los factores estresantes.

Este proceso es fundamental para la gestión de las emociones. La estimulación del nervio vago ayuda a promover la calma mental, reducir la ansiedad y mejorar nuestra resiliencia emocional. De hecho, la activación vagal ayuda al cerebro a reajustarse, equilibrando las reacciones emocionales y creando un estado de serenidad interior.

Neurotransmisores y la conexión entre el nervio vago y el cerebro

Además de modular la actividad del sistema límbico, el nervio vago interactúa directamente con varios neurotransmisores que regulan nuestro estado de ánimo y comportamiento. Estos incluyen serotonina, GABA (ácido gamma-aminobutírico) y dopamina. Todos estos neurotransmisores participan en la regulación del estado de ánimo, la motivación y la respuesta al estrés.

- **Serotonina:** A menudo llamada el "neurotransmisor de la felicidad", la serotonina desempeña un papel crucial en nuestro bienestar psicológico. Se encarga de regular el estado de ánimo, el sueño y el apetito. El nervio vago estimula la producción y liberación de serotonina, mejorando así nuestro estado de ánimo y ayudando a reducir los sentimientos de tristeza o ansiedad.
- **GABA:** Este neurotransmisor es un potente calmante para el cerebro, reduciendo la actividad neuronal y favoreciendo la relajación. El nervio vago favorece los procesos que incrementan la producción de GABA, promoviendo una sensación de tranquilidad y ayudando a reducir la excitabilidad mental que a menudo acompaña al estrés o la ansiedad.

- **Dopamina:** La dopamina está relacionada con el sistema de recompensa del cerebro, influyendo en la motivación, la recompensa y la concentración. La activación saludable del nervio vago puede favorecer el equilibrio en la producción de dopamina, ayudando a mejorar la motivación y la energía mental sin la necesidad de estimulantes externos.

Estimulación del nervio vago: un aliado contra el estrés

La conexión entre el nervio vago y la salud mental es particularmente visible en cómo el nervio vago contrarresta los efectos del estrés. Cuando estamos bajo estrés, el sistema nervioso simpático se activa y prepara al cuerpo para una respuesta de "lucha o huida". Esta respuesta es útil en situaciones agudas, pero cuando nuestro cuerpo permanece en un estado de alta activación durante demasiado tiempo, puede provocar efectos negativos en la salud física y mental.

El nervio vago, como componente del sistema parasimpático, actúa como antídoto ante este estado de hiperactivación. Al estimular el nervio vago, promovemos una respuesta de "descanso y digestión", que contrarresta el efecto del sistema simpático. Esto conduce a una reducción de la frecuencia cardíaca, la presión arterial y los niveles de cortisol, la hormona del estrés. Esto no sólo ayuda a mejorar nuestra salud física, sino que también tiene un impacto directo en nuestra salud mental, reduciendo los síntomas de ansiedad, irritabilidad y preocupación.

El circuito de retroalimentación: mente y cuerpo

Una de las características más fascinantes del nervio vago es el circuito de retroalimentación que crea entre el cerebro y el cuerpo. A medida que el nervio vago envía señales calmantes desde el cuerpo al cerebro, el cerebro responde regulando la actividad del sistema nervioso autónomo. Este circuito de retroalimentación ayuda a mantener el equilibrio entre las emociones y el cuerpo, creando un sistema de autorregulación que promueve el bienestar.

Cuando estimulamos el nervio vago, por ejemplo mediante la respiración profunda o técnicas como la meditación, enviamos una señal de relajación al cerebro. Esto, de este modo, reduce la actividad de la amígdala y disminuye los niveles de estrés. La mente, a su vez, responde con una reducción de las preocupaciones y una mayor sensación de bienestar. De esta manera, el nervio vago actúa como un vínculo entre la mente y el cuerpo, creando una conexión que mejora nuestra experiencia general de salud.

Comprender el papel del nervio vago en el cerebro es clave para entender cómo la mente y el cuerpo son inseparables. Estimular el nervio vago no solo ayuda a regular nuestra respuesta al estrés, sino que también mejora nuestra capacidad para gestionar emociones complejas, promoviendo un equilibrio psicológico duradero. La conexión entre el nervio vago y la salud mental es un aspecto esencial de nuestra capacidad para vivir de forma más pacífica y consciente, y mediante técnicas sencillas de estimulación podemos aprovechar este potencial para mejorar nuestra calidad de vida.

CAPÍTULO 4: EL NERVIO VAGO Y LA SALUD FÍSICA

Cuando pensamos en nuestro cuerpo, muchas veces nos centramos en las acciones que realizamos de manera consciente: mover los músculos, respirar o caminar. Pero detrás de cada movimiento, de cada latido del corazón, de cada respiración, hay procesos invisibles que operan sin que seamos conscientes de ellos. El sistema nervioso autónomo, del cual el nervio vago es un pilar esencial, regula muchas de estas funciones invisibles, influyendo en nuestra salud física de maneras que la ciencia aún está explorando.

En este capítulo, exploraremos cómo el nervio vago contribuye a nuestra salud física, interviniendo en varios sistemas clave de nuestro cuerpo, desde la digestión hasta el ritmo cardíaco, la regulación de la inflamación y el refuerzo del sistema inmunológico. Descubrir cómo estimular y optimizar la actividad vagal no solo mejorará tu bienestar general, sino que también te permitirá sentirte más en sintonía con tu cuerpo, como si estuvieras dando el impulso adecuado a sus procesos naturales para recuperar la salud y la vitalidad.

El nervio vago y la digestión: un proceso de curación natural

El primer impacto, y quizás el más obvio, que tiene el nervio vago en la salud física tiene que ver con el proceso digestivo. Como muchos saben, la digestión no es solo una cuestión de descomponer los alimentos en moléculas más pequeñas, sino que implica una serie de funciones complejas que requieren una cuidadosa coordinación entre varios sistemas: muscular, enzimático, hormonal y nervioso.

El nervio vago juega un papel central en esta coordinación. Es el actor principal del sistema parasimpático, el que permite a nuestro cuerpo "recuperarse" tras la activación del sistema simpático, es decir, esa respuesta de "lucha o huida" que nos pone en modo de estrés. Cuando el nervio vago está activo, le indica al cuerpo que "disminuya la velocidad" y se concentre en funciones restaurativas y regenerativas, como la digestión y el cuidado intestinal.

La estimulación del nervio vago ayuda a mejorar el tránsito intestinal, promueve la producción de enzimas digestivas y regula la absorción de nutrientes. Además, cuando estimulamos el nervio vago, se reduce la producción de ácido gástrico en exceso, previniendo la acidez estomacal y mejorando el confort digestivo. Es como si el cuerpo recibiera una señal para entrar en un "modo de operación" más relajado, favoreciendo un ambiente intestinal que optimice la digestión.

El nervio vago y la inmunidad: un cuerpo protegido

Otro aspecto crucial del nervio vago está relacionado con la regulación del sistema inmunológico. En un mundo donde estamos constantemente expuestos a posibles amenazas microbianas y ambientales, tener un sistema inmunológico fuerte y bien equilibrado es crucial. El nervio vago, a través de su implicación en la respuesta inflamatoria, tiene el poder de modular la actividad del sistema inmunológico, manteniéndolo en un estado óptimo.

Muchos estudios han demostrado que el nervio vago puede reducir la inflamación sistémica. Cuando el cuerpo se ve sometido a estrés o a una infección, el sistema inmunológico reacciona liberando una serie de moléculas inflamatorias. Sin embargo, una inflamación excesiva es perjudicial para el organismo, aumentando el riesgo de enfermedades crónicas como la aterosclerosis, la diabetes y las enfermedades autoinmunes. El nervio vago, sin embargo, es capaz de "frenar" este proceso, indicando al cuerpo que reduzca la producción de citocinas inflamatorias. En otras palabras, al estimular el nervio vago, podemos promover una respuesta inmune equilibrada, que nos protege sin desencadenar reacciones inflamatorias dañinas.

La "respuesta del nervio vago" también ha demostrado ser particularmente útil en casos de enfermedades inflamatorias crónicas, como la artritis reumatoide y la enfermedad inflamatoria intestinal (EII). Con el nervio vago actuando como un "freno" de la inflamación, el cuerpo puede mantener un equilibrio saludable, reduciendo los riesgos asociados con un sistema inmunológico hiperactivo.

El nervio vago y la frecuencia cardíaca: un corazón relajado

La frecuencia cardíaca es otro aspecto que depende del nervio vago. Cuando se estimula el nervio vago, el corazón se ralentiza, mientras que cuando el sistema simpático está activo, el corazón se acelera. En otras palabras, el nervio vago regula la frecuencia cardíaca, asegurándose de que el corazón no trabaje demasiado cuando no es necesario.

El control del nervio vago sobre la frecuencia cardíaca es fundamental para mantener nuestro corazón sano. Un corazón que late demasiado rápido en respuesta al estrés crónico puede aumentar el riesgo de enfermedades cardiovasculares. Por el contrario, la estimulación del nervio vago ayuda a ralentizar el ritmo cardíaco, reduciendo el estrés y favoreciendo un estado de calma. El equilibrio entre los sistemas simpático y parasimpático (lo que representa el nervio vago) es fundamental para el correcto funcionamiento de nuestro corazón.

La variabilidad de la frecuencia cardíaca (VFC) es un indicador importante de la salud y el bienestar. Una alta variabilidad de la frecuencia cardíaca es un signo de un sistema nervioso autónomo sano, capaz de adaptarse fácilmente al estrés y recuperarse con rapidez. Estimular el nervio vago es una forma de favorecer esta variabilidad, promoviendo un corazón capaz de enfrentar los retos diarios sin comprometer la salud.

El nervio vago y la reducción de la inflamación: un poderoso aliado

La inflamación es una respuesta fisiológica del cuerpo a una lesión o infección. Sin embargo, la inflamación crónica puede tener efectos devastadores y contribuir a enfermedades como la diabetes, las enfermedades cardíacas y el cáncer. El nervio vago juega un rol importante en la regulación de la inflamación. Gracias a su capacidad para "activar" y "apagar" respuestas inflamatorias, el nervio vago es capaz de prevenir daños causados por una inflamación persistente.

Las investigaciones sugieren que la estimulación correcta del nervio vago puede disminuir los niveles de inflamación sistémica, lo que ayuda a mantener el cuerpo en una salud óptima. En la práctica, esto significa que no solo puedes enfrentar mejor situaciones estresantes, sino también ayudar a tu cuerpo a recuperarse más rápido, previniendo enfermedades relacionadas con la inflamación crónica.

Como hemos visto, el nervio vago desempeña una función central en la regulación de numerosos procesos físicos vitales, desde la digestión hasta el ritmo cardíaco, desde la respuesta inmune hasta la inflamación. Comprender cómo estimular el nervio vago y cómo mejorar su funcionamiento es clave para mantener el cuerpo sano y promover un equilibrio duradero entre mente y cuerpo.

Cada vez que estimulamos el nervio vago, le estamos dando una señal a nuestro cuerpo para que se ralentice, se recupere y sane. Es una invitación a vivir de manera equilibrada con nuestros procesos biológicos naturales, reduciendo el estrés y optimizando nuestra calidad de vida. Ya sea a través de una respiración profunda, una práctica de meditación u otras técnicas de estimulación, el nervio vago es nuestro aliado invisible, listo para ayudarnos a alcanzar una salud física óptima.

CAPÍTULO 5: ESTIMULACIÓN DEL NERVIO VAGO: RESPIRACIÓN CONSCIENTE

Imagina por un momento que estás inmerso en un día especialmente estresante. Las fechas límite se acercan, los pensamientos se aceleran y tu cuerpo empieza a reaccionar a esta presión interna con una sensación de ansiedad creciente. Tu corazón se acelera, tu mente se agolpa de ideas, y tu respiración se vuelve más superficial y rápida. En estos momentos, nuestro cuerpo con frecuencia se ve atrapado en un círculo vicioso de tensión y estrés, pero hay una herramienta siempre disponible que puede ayudarnos a romper este círculo: el nervio vago.

El nervio vago, una de las principales estructuras de nuestro sistema nervioso autónomo, tiene el poder de ralentizar nuestra respuesta al estrés, devolviéndonos a un estado de calma. Pero, ¿cómo podemos activarlo de manera efectiva para que funcione como un verdadero "interruptor" que nos devuelva el equilibrio?

La respuesta es la respiración consciente. En este capítulo, exploraremos juntos cómo las técnicas de respiración profunda pueden estimular el nervio vago y cómo, a través de la respiración consciente, podemos mejorar nuestro bienestar físico y mental. Las técnicas que aprenderás en estas líneas no son solo ejercicios teóricos, sino herramientas prácticas que puedes integrar en tu vida diaria para afrontar mejor los retos y obtener una mayor sensación de tranquilidad.

El nervio vago y la respiración: un vínculo profundo

Nuestro sistema nervioso autónomo, del cual el nervio vago es uno de los principales actores, regula muchas de las funciones vitales que ocurren sin nuestra intervención consciente: los latidos del corazón, la digestión, la presión arterial y la propia respiración. En particular, el nervio vago es responsable del "tono vagal", o la capacidad de nuestro cuerpo para desacelerar, recuperarse y controlar el estrés. Cuando el tono vagal es alto, nuestro cuerpo es capaz de afrontar los retos con mayor resiliencia, recuperándose rápidamente de períodos de estrés.

La respiración consciente es una de las herramientas más poderosas que tenemos para activar el nervio vago. Cada respiración profunda y controlada envía una señal al cerebro que estimula el nervio vago, promoviendo una acción calmante en todo el cuerpo. Pensamos en la respiración como un "lazo" entre la mente y el cuerpo: mientras la mente puede estar agitada y frenética, la respiración actúa como un ancla que devuelve todo a la calma. Cuando practicamos técnicas de respiración profunda, estimulamos la parte del sistema nervioso que se encarga de relajarnos, ralentizar nuestro ritmo cardíaco, bajar la presión arterial y mejorar la digestión.

Técnicas de respiración para estimular el nervio vago

Existen varias técnicas de respiración que se pueden utilizar para estimular el nervio vago. Cada una de ellas actúa de forma específica sobre nuestro cuerpo y mente, ayudándonos a frenar el estrés y favorecer una sensación de bienestar. Descubramos juntos las más eficaces.

1. Respiración diafragmática (o abdominal)

La respiración diafragmática es una de las técnicas más efectivas para estimular el nervio vago. Este tipo de respiración involucra el diafragma, el músculo que separa el pecho del abdomen y permite llenar los pulmones con aire de manera más profunda y eficiente.

Cómo hacerlo:

- Siéntate en un lugar tranquilo, con la espalda recta y relajada.
- Coloca una mano sobre tu pecho y la otra sobre tu abdomen.
- Comienza a inhalar lenta y profundamente por la nariz, haciendo que tu abdomen se expanda, mientras tu pecho permanece lo más quieto posible.
- Exhala lentamente por la boca, intentando vaciar completamente los pulmones y dejando que el abdomen se retraiga.
- Continúa respirando de esta manera durante unos minutos, concentrándote en el movimiento de tu abdomen.

Esta técnica ayuda a reducir la tensión, estimula el nervio vago y puede mejorar significativamente tu capacidad para relajarte en momentos de estrés.

2. Respiración 4-7-8

La respiración 4-7-8 es otra técnica poderosa que estimula el nervio vago y promueve una relajación profunda. Es especialmente útil cuando necesitas calmarte o quedarte dormido rápidamente.

Cómo hacerlo:

- Comienza exhalando completamente por la boca.
- Inhala por la nariz contando hasta 4 segundos.
- Aguanta la respiración durante 7 segundos.
- Exhala lentamente por la boca contando hasta 8 segundos, emitiendo un silbido.
- Repítelo de 4 a 5 veces.

Esta técnica ayuda a reducir la ansiedad y favorece una sensación de calma inmediata estimulando el nervio vago y reduciendo el ritmo cardíaco.

3. Respiración alterna (Nadi Shodhana)

La respiración alterna es una técnica utilizada en la práctica del yoga que equilibra el sistema nervioso y promueve la calma mental. Actúa sobre el nervio vago, favoreciendo la alternancia del paso del aire por ambas fosas nasales.

Cómo hacerlo:

- Siéntate en una posición cómoda y relajada.
- Usa el pulgar derecho para cerrar la fosa nasal derecha.
- Inhala lenta y profundamente por la fosa nasal izquierda.

- Cierra la fosa nasal izquierda con el dedo anular derecho y retén la respiración por un momento.
- Abre la fosa nasal derecha y exhala lentamente por ella.
- Inhala lentamente por la fosa nasal derecha.
- Cierra la fosa nasal derecha con el pulgar y retén la respiración.
- Abre la fosa nasal izquierda y exhala lentamente por ella.
- Continúa alternando entre las fosas nasales durante unos minutos.

Esta práctica equilibra la actividad de los sistemas nervioso simpático y parasimpático, lo que reduce el estrés y mejora la concentración.

Cómo integrar la respiración consciente en tu vida diaria

Ahora que conoces las técnicas de respiración que estimulan el nervio vago, es hora de integrarlas en tu vida diaria. La belleza de la respiración consciente es que no requiere equipo especial ni mucho tiempo, sino que se puede practicar en cualquier lugar: en casa, en el trabajo, mientras viajas o antes de acostarte.

Aquí te dejamos algunos consejos para integrarla en tu rutina:

1. **Comienza con sesiones cortas:** Dedica de 3 a 5 minutos al día a practicar la respiración profunda. Al principio, puedes hacer esto todas las mañanas nada más despertarte o antes de acostarte.

2. **Usa la respiración consciente en momentos de estrés:** Cada vez que te sientas abrumado, intenta hacer una breve sesión de respiración profunda. También puede ser útil antes de afrontar una situación que te genere ansiedad o preocupación.

3. **Practica la respiración durante la actividad física:** Si practicas deporte o haces ejercicio, integra la respiración consciente para mejorar la recuperación y reducir la tensión muscular.

La respiración es un recurso increíble que a menudo damos por sentado. Sin embargo, su capacidad para afectar nuestro estado físico y mental es inmensa. A través de la respiración consciente podemos estimular el nervio vago y acceder a un estado de calma profunda, mejorando nuestro bienestar general. Comienza a explorar hoy el poder de tu respiración. Cada respiración que tomas es una oportunidad para activar tu nervio vago, calmar tu mente y restaurar el equilibrio de tu cuerpo. Nunca subestimes la importancia de la respiración consciente: es un gesto sencillo pero poderoso que te acompañará en cada momento de tu vida, haciéndote sentir más sereno, concentrado y en armonía contigo.

CAPÍTULO 6: ESTIMULACIÓN DEL NERVIO VAGO: EL PODER DEL FRÍO

Imagínate bajo una ducha fría. La sensación del agua helada golpeando tu piel es intensa, casi impactante, y por un momento tu cuerpo entra en estado de alerta. El ritmo cardíaco se acelera, la respiración se profundiza y los músculos se tensan. A pesar de la aparente incomodidad, hay algo increíblemente restaurador en este momento. Una vez termina la experiencia, te encuentras con una sensación de energía, claridad mental y calma interior que parece haber sido activada por el propio frío.

Esta respuesta del cuerpo al frío no es solo una reacción física inmediata, sino que también es una poderosa herramienta para estimular el nervio vago, una de las principales estructuras de nuestro sistema nervioso autónomo. El nervio vago juega un papel crucial en nuestro bienestar físico y emocional, ayudándonos a controlar el estrés, reducir la inflamación y mantener el equilibrio entre los distintos sistemas del cuerpo.

En este capítulo, exploraremos cómo la exposición al frío, a través de prácticas como duchas frías y baños de hielo, puede activar el nervio vago y aportar numerosos beneficios para la salud física y mental. También descubriremos cómo estas técnicas, si se practican con conciencia, pueden convertirse en un poderoso recurso para mejorar nuestro bienestar general, estimular la mente y promover la resiliencia psicológica.

El frío como activador del nervio vago

El nervio vago es una de las principales vías a través de las cuales el sistema nervioso parasimpático, la parte de nuestro sistema nervioso responsable de la relajación y el manejo del estrés, se comunica con el cuerpo. Interviene en múltiples funciones vitales, como el control de los latidos del corazón, la digestión y la respuesta inflamatoria. Cuando el tono vagal es elevado, el cuerpo puede recuperarse rápidamente del estrés, regenerarse con mayor rapidez y mantener una salud óptima.

La exposición al frío estimula directamente el nervio vago, activando su función calmante. Aunque la experiencia del frío puede parecer inicialmente estresante, actúa como un "entrenamiento" para el cuerpo, aumentando la resiliencia y mejorando la capacidad para afrontar el malestar físico y mental.

Cuando nos sumergimos en agua fría o nos exponemos a temperaturas frías, el cuerpo activa una serie de respuestas fisiológicas, entre ellas la vasoconstricción, que reduce el flujo sanguíneo a la piel para proteger los órganos vitales. Esto, a su vez, estimula el nervio vago para que entre en acción, ayudando a restaurar el equilibrio del sistema nervioso y reducir la respuesta al estrés. Después de la exposición, cuando el cuerpo comienza a calentarse, el nervio vago ayuda a restaurar la calma, favoreciendo la liberación de endorfinas y dopamina, neurotransmisores que contribuyen a la sensación de bienestar.

Técnicas de estimulación del nervio vago mediante el frío

Existen varias técnicas que emplean el frío para estimular el nervio vago. Algunas de ellas son muy sencillas de practicar, mientras que otras requieren mayor compromiso, pero todas ofrecen extraordinarios beneficios para la salud física y mental.

1. Duchas frías

Las duchas frías son probablemente la forma más sencilla e inmediata de estimular el nervio vago. No es necesario sumergirse completamente en agua helada, pero incluso una exposición breve y controlada puede resultar extremadamente beneficiosa.

Cómo hacerlo:

- Comienza con una ducha con agua caliente, como lo haces normalmente, para relajar los músculos y preparar tu cuerpo.
- Cuando estés listo, baja gradualmente la temperatura del agua hasta que esté fría, pero no extremadamente helada (puedes comenzar con agua fría y aumentar lentamente la duración y la intensidad).
- Permanece bajo el agua fría durante unos 30 segundos, intentando mantener la calma y concentrarte en tu respiración.
- Exhala profundamente, intentando disminuir el ritmo cardíaco e inducir la relajación.
- Puedes repetir el proceso una o dos veces, aumentando gradualmente el tiempo bajo el agua fría.

Las duchas frías ayudan a mejorar la circulación sanguínea, estimulan el metabolismo, fortalecen el sistema inmunológico y mejoran la tolerancia al estrés.

2. Baños de hielo

Otra técnica poderosa es el baño de hielo, que implica la inmersión completa en agua fría (normalmente entre 5 y 10 °C) con la adición de hielo. Este método es utilizado por practicantes de deportes extremos y atletas profesionales para reducir el dolor muscular y acelerar la recuperación, pero también ofrece extraordinarios beneficios para la salud mental y la estimulación del nervio vago.

Cómo hacerlo:

- Prepara una bañera con agua fría y agrega hielo hasta alcanzar una temperatura entre 5 y 10 grados centígrados.
- Sumérgete lentamente en la bañera, teniendo cuidado de no exponer inmediatamente tu cuerpo a demasiado frío.
- Mantén tu respiración lenta y profunda, tratando de no entrar en pánico ante el frío. Concéntrate en la experiencia y libera las tensiones.
- Comienza con sesiones de 2 a 3 minutos y aumenta gradualmente el tiempo de exposición a medida que te acostumbres a esta práctica.

El baño de hielo estimula poderosamente el nervio vago, ayudando a reducir la inflamación y aumentando el tono vagal, mejorando la respuesta al estrés a largo plazo.

3. Exposición al frío exterior

Aunque es menos común, la exposición al frío exterior es otra forma de estimular el nervio vago. Prácticas como caminar en ambientes fríos, o incluso la exposición al aire frío, pueden activar el sistema nervioso parasimpático, mejorando nuestra resiliencia al estrés.

Cómo hacerlo:

- Sal a aire libre en un día frío, preferiblemente cuando la temperatura sea bastante baja, pero no peligrosa (lo ideal para empezar es entre 10 y 15°C).
- Puedes caminar lentamente, concentrándote en tu respiración y en las sensaciones de tu cuerpo a medida que te acostumbras al frío.
- Respira profundamente y trata de mantener el control, ya que el frío estimula el nervio vago.

Esta exposición al frío también ayuda a mejorar el estado de ánimo, aliviando la ansiedad y la depresión, y puede tener efectos similares a la meditación en términos de manejo del estrés.

Beneficios para la salud física y mental

Los beneficios derivados de la exposición al frío no se limitan únicamente a la estimulación del nervio vago. Este tipo de práctica también tiene efectos extraordinarios en la salud física y mental. Algunos de los principales beneficios incluyen:

- **Reducción del estrés:** El frío, si se afronta de forma consciente, puede ayudar a reducir los niveles de cortisol, la hormona del estrés, mejorando la capacidad de relajación.
- **Aumento de energía:** Después de la exposición al frío, el cuerpo libera endorfinas, aumentando la energía y mejorando el estado de ánimo.
- **Sistema inmunológico mejorado:** La exposición al frío puede estimular el sistema inmunológico, aumentando la producción de glóbulos blancos y mejorando la respuesta inflamatoria.
- **Aumento de la resiliencia psicológica:** Afrontar el frío de forma consciente mejora nuestra capacidad de gestionar el estrés psicológico, entrenando el cuerpo y la mente para mantener la calma ante las dificultades.

La exposición al frío no es solo un desafío físico, sino una oportunidad real para estimular el nervio vago y mejorar nuestro bienestar. A través de prácticas como duchas frías, baños de hielo y exposición al ambiente externo, podemos activar nuestro sistema parasimpático, reducir el estrés y promover una sensación de calma y vitalidad.

Si nunca has probado el frío como herramienta de bienestar, te invito a que lo pruebes de forma paulatina y con cuidado. Cada pequeña exposición te ayudará a redescubrir tu resiliencia, tu fuerza interior y el poder de mejorar tu equilibrio psicofísico.

CAPÍTULO 7: ESTIMULACIÓN DEL NERVIO VAGO: SONIDOS Y VIBRACIONES

Imagínate estar inmerso en una atmósfera tranquila, donde cada sonido parece envolverlo en un cálido manto de serenidad. Tal vez estés escuchando el suave sonido de un cuenco tibetano o el ritmo profundo y vibrante de una música meditativa. En este estado, tu respiración se vuelve más lenta y profunda, los latidos de tu corazón se regularizan y una sensación de calma te envuelve. Lo que estás experimentando, aunque pueda parecer una simple experiencia musical, en realidad es una poderosa estimulación del nervio vago, el corazón de nuestro sistema nervioso parasimpático.

El nervio vago es responsable de muchas funciones vitales, incluida la regulación del ritmo cardíaco, la digestión y el manejo del estrés. Cuando el tono vagal es elevado, el cuerpo entra en un estado de relajación, reduce la inflamación y mejora el bienestar general.

Una de las formas más fascinantes y poderosas de estimular el nervio vago es a través de sonidos y vibraciones. Técnicas como cantar, tararear (emitir sonidos vibrantes con la voz) y escuchar música o frecuencias específicas son herramientas naturales y profundamente efectivas para fortalecer nuestro sistema nervioso y promover la relajación.

En este capítulo exploraremos el vínculo entre el sonido, la vibración y el nervio vago, descubriendo cómo estas prácticas pueden convertirse en aliados extraordinarios para gestionar el estrés, mejorar el estado de ánimo y aumentar nuestra salud física y mental. También te guiaré a través de algunos ejercicios prácticos, que podrás integrar fácilmente en tu rutina diaria, para aprovechar al máximo el poder de estas técnicas.

El vínculo entre el sonido, la vibración y el nervio vago

El sonido y la vibración son, de hecho, dos de las fuerzas más poderosas que afectan a nuestro cuerpo a nivel neurológico. Cada sonido que percibimos genera vibraciones que, a través del oído, llegan al cerebro, influyendo en nuestro estado emocional, nuestra respiración e incluso en otros aspectos de nuestra fisiología. La percepción de los sonidos está estrechamente ligada al sistema nervioso autónomo, que regula muchas de las funciones involuntarias del cuerpo, como los latidos del corazón, la respiración y la digestión.

El nervio vago, en particular, responde a estímulos sonoros y vibratorios. De hecho, la vibración puede modular la frecuencia de las ondas cerebrales, influyendo directamente en nuestra respuesta al estrés. Cuando nuestro sistema nervioso percibe sonidos y vibraciones que pueden promover una sensación de tranquilidad, activa el nervio vago para promover una frecuencia cardíaca más baja, una respiración más profunda y una relajación muscular.

Aunque no siempre seamos conscientes de ello, la respuesta al sonido es rápida y profunda. Cuando escuchamos música relajante o participamos en una actividad que activa la vibración de nuestro cuerpo, como cantar o tararear, nuestro sistema nervioso parasimpático se activa, ayudando a reducir los niveles de cortisol (la hormona del estrés) y mejorando nuestro bienestar emocional y físico.

Cómo los sonidos y las vibraciones estimulan el nervio vago

Las vibraciones sonoras, especialmente las producidas por nuestra voz, se encuentran entre las formas más directas y eficaces de estimulación del nervio vago. Existen diferentes tipos de sonidos que pueden tener diferentes efectos en nuestro cuerpo, y entender cómo aprovecharlos es fundamental para fortalecer nuestro sistema nervioso.

1. Cantando

Cantar es una de las formas más antiguas y poderosas de estimulación del nervio vago. Cuando cantamos, nuestra voz emite vibraciones que recorren nuestro cuerpo, llegando directamente al nervio vago, especialmente en la zona de la garganta, donde este nervio tiene una de sus terminaciones más sensibles. Además, cantar favorece una respiración profunda, esencial para estimular el nervio vago y llevar el cuerpo a un estado de relajación.

Cómo hacerlo:

- Elige una canción que te guste y que te haga sentir bien. No te preocupes por la perfección del sonido: lo importante es que cantes desde el corazón y que te concentres en las vibraciones que sientes en tu cuerpo.
- Mientras cantas, intenta sentir las vibraciones en lugares específicos como la cabeza, el pecho y la garganta. Esto te ayudará a estimular el nervio vago de forma natural.
- Si quieres intensificar el efecto, canta suavemente, centrándote en la sensación de

resonancia, o prueba a tararear, una técnica que estimula aún más el nervio vago.

2. Tarareando

Tararear es una práctica que aprovecha las vibraciones sonoras que emite nuestra voz, pero con una característica adicional: cuando tarareamos, las vibraciones se amplifican en la cavidad nasal y en la cabeza, creando una estimulación muy beneficiosa para el nervio vago. Tararear no solo induce a una relajación profunda, sino que también puede ser una herramienta poderosa para calmarse y concentrarse.

Cómo hacerlo:

- Siéntate en un lugar tranquilo y cierra los ojos.
- Comienza a emitir un sonido continuo y profundo con la boca cerrada, como si estuvieras tarareando una melodía.
- Siente las vibraciones que viajan a través de tu cuerpo, particularmente en el área de la cabeza y el pecho.
- Respira lenta y profundamente mientras sigues tarareando, tratando de mantener la concentración en el sonido y las sensaciones que experimentas.

3. Escuchar música

La música es una forma igualmente poderosa de estimular el nervio vago. Las melodías relajantes, los ritmos binaurales y los sonidos de la naturaleza pueden reducir la tensión, mejorar la calidad del sueño y disminuir el estrés. Los diferentes tipos de música actúan directamente sobre nuestro sistema nervioso autónomo, ayudando a regular los latidos del corazón y la respiración.

Cómo hacerlo:

- Escucha música que te ayude a relajarte. Puede ser música clásica, sonidos de la naturaleza o frecuencias binaurales. Lo importante es elegir algo que te permita liberar tu mente y concentrarte en el momento presente.
- Busca un lugar tranquilo y siéntate o acuéstate cómodamente. Déjate envolver por los sonidos y trata de concentrarte en las sensaciones que cada nota provoca en tu cuerpo.
- Si es posible, escucha música con auriculares que te permitan sumergirte por completo en el sonido.

4. Frecuencias binaurales

Las frecuencias binaurales son un tipo de sonido que se crea cuando se reproducen dos tonos ligeramente diferentes en cada oído. Estos tonos interactúan en el cerebro, creando la percepción de un tercer tono, que puede influir en nuestro estado mental, favoreciendo la relajación o la concentración. Las frecuencias binaurales son particularmente efectivas para estimular el nervio vago y mejorar la calidad del sueño y la gestión del estrés.

Cómo hacerlo:

* Encuentra audio de frecuencias binaurales específicas para relajación o bienestar.
* Utiliza auriculares para una mejor percepción del sonido y siéntate en un lugar tranquilo, cerrando los ojos.
* Déjate envolver por las frecuencias y permite que tu cuerpo se relaje por completo.

Ejercicios Prácticos para Estimular el Nervio Vago con Sonidos

Para integrar estos conceptos en tu vida diaria, te propongo algunos ejercicios prácticos que puedes probar en cualquier momento del día, cuando necesites reducir el estrés y estimular el nervio vago:

1. **Tarareo Consciente:** Cada mañana, dedica 5 minutos a tararear. Siéntate cómodamente, cierra los ojos y comienza a tararear lentamente. Concéntrate en las vibraciones de tu cuerpo y trata de ralentizar tu respiración mientras emites el sonido.

2. **Momento Musical Relajante:** Todas las noches, antes de ir a dormir, escucha una canción que te haga sentir bien, con un ritmo lento y relajante. Concédele tu atención a la música y deja que su sonido entre en tu cuerpo, llevando tu sistema nervioso a un estado de calma.

3. **Meditación con Frecuencias Binaurales:** Intenta hacer una meditación guiada con frecuencias binaurales específicas para relajarte o mejorar el sueño. Dedica al menos 10 minutos al día a escuchar estos sonidos, ayudando a tu cuerpo y mente a liberar cualquier tensión.

El poder de los sonidos y las vibraciones para activar el nervio vago es realmente impresionante. Estos ejercicios no solo te ayudarán a reducir el estrés, sino que también pueden mejorar tu capacidad de concentración, promover un sueño de calidad y mejorar tu salud física y mental. Integrar estas prácticas en tu vida diaria te brindará una ventaja significativa para mejorar tu equilibrio psicofísico, ayudándote a sentirte más tranquilo, centrado y en armonía contigo mismo.

CAPÍTULO 8: EL NERVIO VAGO Y LA RELAJACIÓN MUSCULAR

Imagínate en un lugar tranquilo, alejado de todo lo que te preocupa. Tu cuerpo está relajado, tus músculos están completamente relajados, y tu respiración fluye suavemente. En este estado, has activado el poder de tu nervio vago, un aliado invisible pero muy poderoso que regula tu bienestar físico y mental. Cuando estimulamos este nervio, activamos una respuesta de relajación que afecta a todo el cuerpo, reduciendo el estrés y fomentando una sensación de tranquilidad. Este capítulo explorará cómo la relajación muscular puede mejorar el tono vagal y cómo la integración de técnicas de relajación en tu rutina diaria puede mejorar significativamente tu salud.

El nervio vago es el principal componente de nuestro sistema nervioso parasimpático, que tiene la tarea de "reducir la velocidad" del cuerpo después de un período de estrés, permitiendo que el corazón lata más lentamente, la respiración se vuelva más profunda y los músculos se relajen. Cuando el tono vagal es alto, nuestro cuerpo es capaz de responder al estrés de forma más eficiente, recuperándose rápidamente del esfuerzo y restaurando el equilibrio. Este mecanismo es fundamental para afrontar los retos diarios sin que nuestro organismo acabe sobrecargado o dañado.

Pero, ¿cómo podemos estimular el nervio vago para favorecer la relajación muscular? ¿Cómo podemos enseñar a nuestro cuerpo a entrar en un estado de calma profunda y duradera? Descubriremos juntos las técnicas más efectivas, desde la relajación progresiva hasta el yoga, para entrenar nuestro cuerpo para responder mejor al estrés y mejorar nuestro tono vagal.

Relajación muscular progresiva: una técnica que aporta equilibrio

La relajación muscular progresiva (RMP) es una técnica científicamente probada que implica relajar grupos de músculos específicos, uno a la vez. El principio de esta técnica es que, a través de la tensión y posterior relajación de los músculos, podemos enseñar a nuestro cuerpo a reconocer la diferencia entre tensión y relajación, favoreciendo una disminución de los niveles de estrés y mejorando el tono vagal.

En esencia, RMP te lleva en un viaje de conciencia corporal, donde se examina cada parte de tu cuerpo, primero en un estado de tensión y luego en uno de relajación. Este proceso ayuda a centrar la atención en el cuerpo y liberarlo de tensiones acumuladas. Con el tiempo, el cuerpo se vuelve más sensible a la tensión muscular y más eficiente a la hora de liberarla, generando un estado de relajación que estimula el nervio vago y promueve una sensación de calma.

Cómo hacerlo: ejercicio de relajación muscular progresiva

1. **Preparación:** Siéntate o acuéstate en un lugar tranquilo, donde no te molesten. Asegúrate de tener el tiempo y la privacidad para concentrarte completamente en ti mismo.

2. **Comienza con tus pies:** Lleva tu atención a tus pies. Flexiona los pies hacia ti, aprieta los dedos y mantén la tensión durante unos 5 a 10 segundos. Luego, libera lentamente la tensión, concentrándote en la sensación de relajación que sigue.

3. **Sube progresivamente:** Pasa a las pantorrillas, muslos, abdomen, pecho, brazos, cara y finalmente la cabeza. En cada zona, contrae los músculos durante unos segundos y luego suéltalos por completo. Sentirás la diferencia entre tensión y relajación en cada parte de tu cuerpo.

4. **Respiración consciente:** Durante el ejercicio, presta atención a tu respiración. Inhala profundamente mientras contraes los músculos y exhala lentamente mientras los relajas. Esto ayudará a sincronizar la relajación muscular con la activación del nervio vago.

Yoga: el movimiento que relaja y activa el nervio vago

El yoga es otra técnica poderosa para estimular el nervio vago y promover la relajación muscular. Las posiciones de yoga (o asanas) están diseñadas para liberar la tensión del cuerpo, mejorar la postura y fomentar la respiración profunda que estimula el nervio vago. La combinación de movimientos lentos y respiración consciente es una auténtica herramienta terapéutica para el cuerpo y la mente.

El yoga estimula el nervio vago a través de dos mecanismos principales: el primero es la respiración profunda. Durante una práctica de yoga, la respiración es un elemento fundamental. Al inhalar y exhalar profundamente y de forma controlada, se activa el sistema parasimpático, disminuyendo el ritmo cardíaco y relajando los músculos. El segundo mecanismo es el movimiento. Cada posición de yoga está diseñada para alargar los músculos, mejorar la flexibilidad y reducir la rigidez, promoviendo la relajación general del cuerpo.

Yoga para estimular el nervio vago

1. **Respiración profunda (Pranayama):** Una de las técnicas de respiración más utilizadas en yoga es la respiración ujjayi, que consiste en inhalar y exhalar por la nariz, creando un sonido suave y continuo, similar al del mar. Este tipo de respiración calma la mente y favorece la estimulación del nervio vago, mejorando la gestión del estrés.

2. **Postura del niño (Balasana):** En esta posición, te arrodillas con la frente apoyada en la esterilla y los brazos extendidos hacia adelante. Este simple estiramiento ayuda a aliviar la tensión en el cuerpo, promoviendo una sensación de calma y relajación.

3. **Postura del puente (Setu Bandhasana):** Tumbado boca arriba, levanta lentamente las caderas hacia el techo, manteniendo los pies firmemente plantados en el suelo. Esta posición abre el pecho y favorece la respiración profunda, promoviendo la relajación y el flujo de energía a través del cuerpo.

4. **Postura del perro boca abajo (Adho Mukha Svanasana):** Esta postura invertida

parcial estimula el flujo sanguíneo al cerebro, reduciendo la tensión en la parte superior del cuerpo y promoviendo una sensación de bienestar general.

Relajación muscular y estimulación del nervio vago

El nervio vago no solo juega un papel clave en la respuesta de relajación del cuerpo, sino que también es fundamental para la conexión entre el cuerpo y la mente. Cuando estimulamos el nervio vago mediante técnicas como la relajación muscular progresiva y el yoga, no solo mejoramos nuestra fisiología, sino que también creamos un espacio mental de serenidad y enfoque.

Cuando nuestro cuerpo está relajado, la mente puede liberarse de la agitación mental y el estrés. El nervio vago promueve la conexión entre el cerebro y el cuerpo, asegurando que nuestro sistema nervioso pueda responder de manera más eficaz a las dificultades cotidianas. Cada vez que practicas una de las técnicas de relajación presentadas en este capítulo, no solo estás reduciendo tu nivel de estrés, sino que también estás entrenando tu cuerpo para responder mejor a los estímulos negativos, mejorando tu resiliencia física y emocional.

La relajación muscular y el yoga son excelentes herramientas para estimular el nervio vago y promover el bienestar general. Al integrar estas técnicas en tu rutina diaria, no solo ayudarás a reducir el estrés y mejorar la calidad de tu vida, sino que también descubrirás una nueva conexión entre cuerpo y mente, una conexión que te permitirá afrontar cada desafío con calma, conciencia y serenidad.

Recuerda: el cuerpo y la mente están en estrecha comunicación. Cuando aprendas a relajar tu cuerpo, tu mente te seguirá y juntos activarán el poder del nervio vago para restablecer el equilibrio y la paz interior.

CAPÍTULO 9: EL NERVIO VAGO Y EL BIENESTAR EMOCIONAL

Imagina enfrentarte a un día particularmente estresante. Tu corazón late rápidamente, tu mente se acelera y sientes como si cada emoción negativa recorriera tu cuerpo como una corriente eléctrica. Ahora imagina que pudieras interrumpir esta espiral de estrés, detenerte y encontrar rápidamente una sensación de calma y concentración. Esto es lo que te puede ofrecer el nervio vago: un auténtico interruptor biológico para tu sistema emocional. En este capítulo, exploraremos cómo el nervio vago es clave para regular las emociones y cómo puedes usarlo para fortalecer tu resiliencia emocional y mejorar tu capacidad para manejar los desafíos cotidianos.

El nervio vago es una de las estructuras más fascinantes y poderosas de nuestro cuerpo. Es parte del sistema nervioso parasimpático y se encarga de "calmar" el cuerpo después de la activación del sistema nervioso simpático, responsable de la respuesta de "lucha o huida". Cuando estimulamos el nervio vago, el cuerpo y la mente se preparan para relajarse y recuperarse del estrés, creando un ambiente interno óptimo para el bienestar emocional.

Nuestro estado emocional está intrínsecamente ligado a nuestra fisiología. Las emociones no son solo algo que "sentimos" en la mente, sino que están profundamente arraigadas en nuestro cuerpo. El miedo, la ansiedad, la ira, pero también la alegría, la serenidad y el amor, producen cambios físicos mensurables, como el aumento del ritmo cardíaco, la tensión muscular o la respiración superficial. La capacidad de regular estas respuestas fisiológicas es lo que nos permite manejar las emociones de manera equilibrada. Y aquí entra en juego el nervio vago, nuestro aliado invisible que nos ayuda a encontrar la serenidad, incluso en las tormentas emocionales.

El papel del nervio vago en la regulación de las emociones

Para entender el papel del nervio vago en la gestión de las emociones, primero debemos saber cómo funciona su interacción con el cerebro y el cuerpo. El nervio vago actúa como una especie de freno biológico que reduce la actividad del sistema nervioso simpático, el que se activa durante el estrés. Cuando el nervio vago está activo y su tono es alto, el cuerpo entra en un estado de relajación, lo que a su vez favorece emociones más equilibradas.

Cuando enfrentamos situaciones estresantes, nuestro sistema nervioso simpático toma el control y nuestro cuerpo entra en modo de "lucha o huida". El corazón se acelera, los músculos se contraen y la respiración se vuelve más superficial. Este estado es útil para afrontar situaciones peligrosas, pero si persiste durante demasiado tiempo, puede provocar malestar físico y emocional, como ansiedad y depresión. El nervio vago, por el contrario, estimula el sistema nervioso parasimpático, que reduce la frecuencia cardíaca, promueve la respiración profunda y relaja los músculos. Es gracias a esta activación que podemos "frenar" la ola emocional, devolviendo cuerpo y mente a un estado de equilibrio.

Esta capacidad de modular las emociones es crucial para nuestro bienestar emocional. Cuando el tono vagal es alto, somos más resistentes a las dificultades diarias. Los desafíos no nos abruman, pero podemos afrontarlos con calma, conciencia y claridad. Es decir, un tono vagal fuerte es sinónimo de una mayor capacidad de resiliencia emocional.

Cómo fortalecer el tono vagal para mejorar la resiliencia emocional

La buena noticia es que podemos mejorar el tono vagal mediante técnicas específicas que estimulen el nervio vago y promuevan una respuesta de relajación fisiológica. De esta forma, podemos entrenar nuestro cuerpo y mente para reaccionar mejor ante el estrés, aumentando nuestra resiliencia emocional. Las prácticas más efectivas incluyen la meditación, el mindfulness y el ejercicio, que estimulan el nervio vago y nos ayudan a mantener el equilibrio emocional.

Meditación y atención plena: el camino hacia la calma interior

La meditación es una de las prácticas más poderosas para estimular el nervio vago y mejorar la regulación emocional. La meditación ayuda a ralentizar el ritmo cardíaco, reducir la tensión muscular y promover la conciencia del momento presente. Cuando practicamos la meditación, podemos concentrarnos en respirar, escuchar nuestro cuerpo y gestionar pensamientos y emociones. Este estado de atención promueve la activación del nervio vago y reduce la reactividad emocional.

Un tipo de meditación que resulta particularmente útil para estimular el nervio vago es la meditación de respiración profunda. Cada respiración que realizamos profunda y conscientemente estimula el nervio vago, activando la respuesta de relajación del cuerpo. La respiración lenta y profunda no solo reduce el estrés inmediato, sino que también ayuda a regular el sistema nervioso a largo plazo, mejorando nuestra capacidad para manejar emociones intensas.

Conciencia emocional: aprender a "percibir" sin sentirse abrumado

La conciencia emocional implica una atención plena a nuestras emociones, sin juzgarlas. En lugar de intentar ignorar o reprimir lo que sentimos, aprendemos a reconocer y aceptar cada emoción que experimentamos. Esto no significa ser pasivos o impotentes ante las emociones, sino aprender a observarlas sin dejarse abrumar por ellas. La atención plena nos ayuda a ralentizar nuestra respuesta emocional, permitiéndonos elegir cómo reaccionar de una forma más equilibrada.

Cuando entrenamos para percibir emociones sin juzgarlas, estimulamos el nervio vago y favorecemos la activación de la respuesta parasimpática. En la práctica, aprendemos a no reaccionar impulsivamente ante las emociones, sino a permitir que pasen sin sentirnos abrumados.

Ejercicio físico: un aliado oculto del nervio vago

El ejercicio es otra forma muy eficaz de estimular el nervio vago y mejorar el bienestar emocional. La actividad física regular reduce los niveles de cortisol (la hormona del estrés), promueve la producción de endorfinas (hormonas relacionadas con el bienestar) y mejora la función del sistema nervioso autónomo, incluido el nervio vago. En particular, ejercicios como caminar a paso ligero, trotar suave o incluso bailar son excelentes para estimular el tono vagal.

El ejercicio físico también ayuda a mejorar la calidad del sueño, reducir la ansiedad y promover una mayor sensación de bienestar emocional. Es un auténtico restablecimiento natural para el cuerpo y la mente, que ayuda a restablecer el equilibrio del sistema nervioso.

El nervio vago es nuestro aliado sutil en la regulación emocional. Fortalecer su tono no solo significa reducir el estrés, sino también fortalecer nuestra capacidad de adaptación emocional, permitiéndonos afrontar la vida con mayor serenidad y conciencia. La meditación, la atención plena y el ejercicio son prácticas poderosas que podemos integrar en nuestra vida diaria para estimular el nervio vago y mejorar nuestro bienestar emocional.

Cada vez que eliges tomarte un momento para respirar profundamente, meditar o moverte, estás fortaleciendo tu nervio vago y creando un ambiente interno que promueve la calma, la serenidad y la fortaleza interior. No subestimes el poder que tienes en tu poder: cada pequeño gesto que hagas para estimular el nervio vago es un paso hacia un mayor equilibrio interno.

CAPÍTULO 10: EL NERVIO VAGO Y EL MANEJO DEL ESTRÉS

Imagina un día lleno de desafíos: una reunión crucial, una fecha límite apremiante, notificaciones incesantes que invaden tu espacio mental. Tu cuerpo responde con el corazón acelerado, músculos tensos y una mente sumida en el caos. Te sientes como si estuvieras en guerra, pero ¿con qué? Esta reacción es el resultado de la acción de tu sistema nervioso simpático. Y aquí es donde entra en juego tu mejor aliado: el nervio vago.

El estrés y su influencia en el cuerpo

Para comprender el papel del nervio vago en el manejo del estrés, es importante entender cómo afecta este fenómeno al cuerpo. El estrés es una respuesta fisiológica primitiva, diseñada para protegernos en situaciones de emergencia. Sin embargo, en el mundo moderno, esta respuesta suele activarse por estímulos no peligrosos, como plazos o preocupaciones cotidianas. Este estado prolongado de hiperactivación aumenta los niveles de cortisol, lo que puede desencadenar ansiedad, insomnio, problemas digestivos y otras dolencias físicas.

El nervio vago, un componente clave del sistema nervioso parasimpático, actúa como un "regulador" de esta respuesta, ayudando al cuerpo a volver a un estado de equilibrio. Cuando se activa, reduce la frecuencia cardíaca, relaja los músculos y disminuye los niveles de estrés.

Estimular el nervio vago: estrategias efectivas

A continuación, se presentan algunas estrategias útiles para activar el nervio vago y promover una respuesta calmante:

1. **Masajes específicos:** Un suave masaje en la zona del cuello, debajo de la nuez, puede estimular directamente el nervio vago. Esta área, rica en terminaciones nerviosas, responde bien a un toque delicado, favoreciendo una relajación inmediata.
2. **Exposición al frío:** Sumergir la cara en agua fría o tomar una ducha corta pero fría activa el nervio vago. Este tipo de exposición crea una respuesta automática

en el cuerpo, reduciendo el estrés y promoviendo una relajación profunda.

3. **Ejercicio regular:** Incluso la actividad moderada, como una caminata rápida o estiramientos, ayuda a estimular el nervio vago y mejora el tono vagal. El ejercicio también contribuye a reducir los niveles de cortisol y mejorar el estado de ánimo.

4. **Interacciones sociales positivas:** Las conversaciones significativas o momentos de ocio con seres queridos activan el nervio vago. Conectarse con los demás reduce el estrés y promueve una sensación de bienestar.

5. **Nutrición equilibrada:** Una dieta rica en alimentos frescos y saludables favorece la salud de la microbiota intestinal, que está estrechamente relacionada con el nervio vago. La inclusión de alimentos fermentados o probióticos puede potenciar aún más esta comunicación y promover un estado de relajación.

Crea una rutina antiestrés

Integrar estas prácticas en tu día puede marcar una gran diferencia en tu capacidad para controlar el estrés. Aquí tienes un ejemplo:

- **Mañana:** Comienza con unos minutos de estiramiento para despertar el cuerpo.
- **Durante el día:** Tómate un descanso para dar un paseo rápido o darte un masaje relajante en el cuello.
- **Noche:** Finaliza con una ducha fría o una charla con un ser querido para relajarte y fomentar un sueño profundo.

El nervio vago es una poderosa herramienta para contrarrestar los efectos negativos del estrés. A través de estas sencillas estrategias podrás estimularlo y promover un estado de calma y resiliencia. Cada pequeño paso hacia el bienestar es un acto de autocuidado. Empieza hoy: elige una práctica, intégrala en tu rutina y descubre los beneficios que tu nervio vago puede ofrecerte.

CAPÍTULO 11: EL NERVIO VAGO Y LA CONEXIÓN SOCIAL

Imagina entrar en una habitación llena de gente. Sin decir una palabra, tu mirada se encuentra con la de otra persona, y surge espontáneamente una sonrisa sincera. Hay una sensación de comunicación inmediata, algo más allá de las palabras, que te hace sentir visto, comprendido y aceptado. Esta es la magia de la conexión social, un vínculo que surge no solo de las palabras, sino de una red invisible y poderosa que nos conecta entre nosotros: nuestro nervio vago.

En este capítulo, exploraremos el papel vital del nervio vago en la construcción y mantenimiento de nuestras relaciones sociales. Veremos cómo este nervio afecta nuestra capacidad de comunicarnos de forma no verbal, percibir y responder al contacto físico, y cómo, a través del tono vagal, puede mejorar profundamente la calidad de nuestras interacciones. Descubrirás cómo estimular este nervio puede no solo mejorar tu bienestar, sino también fortalecer tu vínculo con las personas que te rodean.

El nervio vago: un vínculo invisible

El nervio vago es la principal vía de comunicación entre el cerebro y el cuerpo, pero su influencia no se limita a funciones físicas vitales como los latidos del corazón y la digestión. También es un regulador social: afecta directamente nuestra capacidad para conectarnos con los demás, percibir y responder a las emociones y establecer una conexión profunda. La clave de todo esto reside en el tono vagal.

¿Qué es el tono vagal?

El tono vagal se refiere a la capacidad del nervio vago para regular reacciones fisiológicas de tal manera que promueva un equilibrio entre estimulación y relajación. Es nuestra capacidad para responder adaptativamente a los estímulos sociales, especialmente los emocionales. Cuando el tono vagal es alto, estamos más relajados, empáticos y capaces de percibir las señales emocionales de los demás. El tono vagal bajo, por otro lado, se asocia con sensaciones de aislamiento y estrés.

La buena noticia es que el tono vagal se puede entrenar y mejorar, promoviendo una conexión social más profunda y auténtica. Un tono vagal alto se asocia con una mayor empatía, una comunicación más fluida y una mejor capacidad para percibir el lenguaje no verbal.

El nervio vago y la comunicación no verbal

Gran parte de nuestra interacción social ocurre a través de la comunicación no verbal: expresiones faciales, lenguaje corporal, tono de voz y gestos. El nervio vago regula muchos de estos aspectos, influyendo directamente en la calidad de nuestras interacciones. Un tono vagal alto promueve sonrisas espontáneas, expresiones acogedoras y sonidos vocales cálidos, que transmiten empatía y crean una sensación de seguridad y conexión.

El contacto físico y el nervio vago

El contacto físico es una forma poderosa de estimular el nervio vago y promover la conexión social. Abrazos, apretones de manos o simples gestos de contacto positivo pueden influir en nuestro sistema nervioso, induciendo una sensación de calma y seguridad. Esto no solo promueve la conexión social, sino que también contribuye a la liberación de oxitocina, la hormona del bienestar, que aumenta el sentido de pertenencia y conexión.

Estrategias para mejorar el tono vagal

A continuación te presentamos algunas prácticas diarias para estimular el nervio vago y mejorar tus relaciones interpersonales:

1. **Actividad física moderada:** Caminar, hacer ejercicios suaves o practicar yoga puede mejorar el tono vagal, promoviendo una conexión más profunda con tu cuerpo y los demás.

2. **Escucha atenta:** Prestar atención sin distracciones a las personas con las que conversas, mostrando interés genuino, es una excelente manera de estimular el nervio vago y fortalecer la conexión social.

3. **Promueve el contacto físico:** No ignores el poder de un abrazo o un apretón de manos. Estos simples gestos pueden tener un impacto significativo en tu bienestar y el de quienes te rodean.

4. **Cultiva momentos de gratitud:** La gratitud puede reducir tu nivel de estrés y aumentar tu sentido de conexión, mejorando indirectamente el tono vagal.

Invertir en tu tono vagal significa no solo cuidarte a ti mismo, sino también fortalecer los vínculos que te conectan con los demás. Con pequeñas acciones diarias podrás mejorar tus relaciones, creando una sensación de intimidad y seguridad que enriquecerá tu vida y la de quienes te rodean.

CAPÍTULO 12: EL NERVIO VAGO EN LA MEDICINA MODERNA

El cuerpo humano es un sistema complejo de señales eléctricas y químicas, y uno de sus principales actores es el nervio vago. Este nervio, que se extiende desde el cerebro hasta el pecho y el abdomen, es más que un simple cable nervioso que regula funciones vitales como la frecuencia cardíaca y la digestión. Es nuestro "canal de comunicación" entre el cerebro y el cuerpo, una vía que permite a nuestro cuerpo responder a estímulos internos y externos con una precisión asombrosa. Pero lo que realmente hace fascinante al nervio vago es su potencial terapéutico: no solo para nuestro bienestar diario, sino también para el tratamiento de una serie de patologías complejas. En este capítulo, exploraremos cómo la medicina moderna utiliza innovaciones tecnológicas y dispositivos avanzados para estimular el nervio vago, abriendo nuevas puertas en el tratamiento de trastornos como la depresión, el dolor crónico y la epilepsia.

Estimulación vagal: un nuevo capítulo en la terapia médica

En las últimas décadas, la investigación médica ha descubierto que estimular el nervio vago puede tener efectos dramáticos en nuestra salud física y mental. La estimulación vagal se ha convertido en una técnica terapéutica innovadora, utilizada para tratar una variedad de enfermedades que tradicionalmente son difíciles de abordar. Pero, ¿cómo funciona exactamente la estimulación del nervio vago y por qué es tan poderosa?

Estimulación vagal: ¿cómo funciona?

El principio detrás de la estimulación vagal es simple, pero extremadamente efectivo. El nervio vago es un nervio craneal que conecta el cerebro con muchos órganos vitales, incluidos el corazón, los pulmones y los intestinos. Cuando se estimula, el nervio vago envía señales al cerebro que regulan y equilibran la respuesta del sistema nervioso autónomo, influyendo directamente en las funciones físicas y psicológicas. La estimulación vagal se puede realizar a través de dispositivos médicos implantados o no invasivos, y puede tener efectos positivos en cuanto a reducir el estrés, mejorar el estado de ánimo e incluso aliviar los síntomas de diversas patologías.

Estimulación vagal en el tratamiento de la depresión

La depresión es uno de los trastornos mentales más comunes en el mundo y el tratamiento tradicional se basa en medicamentos antidepresivos y psicoterapia. Sin embargo, no todos los pacientes responden positivamente a estas terapias y las investigaciones han demostrado que una parte importante de los pacientes no logran una mejora duradera. Aquí es donde entra en juego la estimulación vagal (ENV), una terapia innovadora que ha mostrado resultados prometedores, especialmente en casos de depresión resistente a los tratamientos.

En el tratamiento de la depresión, se implanta quirúrgicamente un dispositivo de estimulación vagal debajo de la piel, generalmente en el pecho. Este dispositivo envía impulsos eléctricos al nervio vago, que a su vez estimula el cerebro e influye en el sistema límbico, el área del cerebro responsable de las emociones. Los resultados muestran que esta estimulación puede reducir significativamente los síntomas de depresión, especialmente en aquellos pacientes que no han respondido a los medicamentos.

Los estudios clínicos han revelado que la estimulación vagal no solo puede mejorar el estado de ánimo y reducir la ansiedad, sino también aumentar la fortaleza emocional ante situaciones estresantes. Además, la estimulación vagal puede mejorar la eficacia de los medicamentos antidepresivos, lo que representa una poderosa combinación de tratamiento para quienes luchan contra la depresión crónica.

Estimulación vagal en el tratamiento del dolor crónico

El dolor crónico es otro trastorno debilitante difícil de tratar con métodos convencionales. Es una condición que puede tener un impacto devastador en la calidad de vida, provocando ansiedad, depresión y una sensación general de impotencia. La estimulación vagal ha demostrado ser eficaz en el tratamiento del dolor crónico, particularmente en el caso del dolor asociado con enfermedades como la artritis reumatoide, la fibromialgia y el dolor neuropático.

El mecanismo subyacente a su eficacia parece residir en la capacidad del nervio vago para regular la actividad del sistema nervioso central y controlar las reacciones inflamatorias. Cuando se estimula, el nervio vago envía señales al cerebro que bloquean las vías del dolor, lo que reduce la percepción del dolor y mejora la calidad de vida. Algunos estudios sugieren que la estimulación vagal también puede reducir la inflamación sistémica, un factor clave en muchas enfermedades dolorosas.

Este enfoque es particularmente interesante para

quienes padecen dolor crónico y no han encontrado alivio en los tratamientos farmacológicos tradicionales. La estimulación vagal ofrece una solución alternativa no invasiva que puede reducir el dolor sin los efectos secundarios de los medicamentos.

El nervio vago en el tratamiento de la epilepsia

La epilepsia es un trastorno neurológico que provoca convulsiones recurrentes y, en los casos más graves, puede limitar gravemente la calidad de vida. Aunque los fármacos antiepilépticos son la terapia principal, muchos pacientes continúan sufriendo convulsiones a pesar del tratamiento. La estimulación vagal ha sido aprobada como terapia para la epilepsia resistente a los medicamentos, con resultados prometedores.

En el tratamiento de la epilepsia, la estimulación vagal actúa directamente sobre el cerebro a través del nervio vago, influyendo en la actividad neuronal implicada en las convulsiones. La estimulación constante del nervio vago parece reducir la frecuencia y gravedad de las convulsiones, mejorando significativamente el control sobre las convulsiones y la calidad de vida diaria de los pacientes. Además, algunos estudios han demostrado que la estimulación vagal también puede mejorar la función cognitiva y la calidad del sueño en pacientes con epilepsia.

Estimulación vagal: tecnologías emergentes

Las innovaciones tecnológicas no se detienen aquí. Hoy en día existen dispositivos de estimulación vagal no invasivos que no requieren cirugía para ser aplicados. Estos dispositivos son portátiles, fáciles de usar y se pueden aplicar directamente sobre la piel, como un parche, para estimular el nervio vago. A menudo se utilizan para tratamientos a corto plazo, como mejorar el estado de ánimo o controlar el estrés, y están ganando popularidad como herramientas para mejorar el bienestar cotidiano.

Otro campo en expansión implica el uso de neuro-feedback en combinación con estimulación vagal, una tecnología que permite monitorear y regular la actividad cerebral en tiempo real en respuesta a la estimulación vagal. Estos sistemas avanzados están empezando a resultar prometedores en el tratamiento de trastornos psicológicos y neurológicos, abriendo nuevas posibilidades para el tratamiento individualizado.

El nervio vago, reconocido desde hace mucho tiempo como un "filtro" entre el cuerpo y la mente, se considera un recurso natural para la salud, capaz de influir profundamente en nuestra salud física y mental. Las innovaciones en estimulación vagal, tanto mediante dispositivos implantados como no invasivos, están abriendo nuevas oportunidades para el tratamiento de enfermedades complejas como la depresión, el dolor crónico y la epilepsia.

La estimulación vagal no es sólo una terapia para el tratamiento de patologías crónicas. Es también una ventana a una nueva visión de la medicina, una medicina que considera la conexión entre cuerpo y mente como un factor fundamental para nuestro bienestar. Si se aplica correctamente, el nervio vago puede convertirse en un poderoso aliado para controlar el estrés, reducir los síntomas de muchas enfermedades y mejorar la calidad de vida.

El potencial de la estimulación vagal todavía se está explorando, pero el futuro parece prometedor. Si está buscando un enfoque innovador y con respaldo científico para mejorar su bienestar, la estimulación vagal podría ser una herramienta clave para mejorar su bienestar y calidad de vida.

CAPÍTULO 13: EL NERVIO VAGO Y LA SALUD INTESTINAL

¿Alguna vez has sentido una repentina sensación de malestar en el estómago en un momento de estrés o ansiedad? ¿O has notado cómo tu digestión puede ralentizarse cuando estás bajo presión? No es una coincidencia. Nuestro intestino y nuestro cerebro están profundamente conectados, y a esta conexión se le ha dado un nombre: conexión cerebro-intestino. El nervio vago, un protagonista silencioso pero increíblemente poderoso, desempeña un papel clave en esta comunicación. En este capítulo, exploraremos cómo este nervio puede convertirse en un aliado fundamental para mejorar la salud intestinal, tratar trastornos comunes como el síndrome del intestino irritable (SII) y promover un equilibrio más saludable en nuestro microbioma intestinal.

El nervio vago: un puente entre el cerebro y el

El nervio vago es una especie de "autopista" que conecta nuestro cerebro con numerosos órganos vitales, incluidos el corazón, los pulmones y, por supuesto, los intestinos. Es parte del sistema nervioso autónomo y regula muchas funciones vitales, como la frecuencia cardíaca, la digestión y la respuesta inmune. Esta conexión entre el cerebro y el intestino no solo se da a nivel anatómico, sino que también es funcional. El nervio vago es esencial para la motilidad intestinal, el movimiento de los alimentos a través del tracto digestivo y para regular la producción de enzimas digestivas. Además, regula las reacciones inflamatorias en el intestino, influyendo en la composición del microbioma, un ecosistema de microorganismos que juega un papel crucial en nuestra salud.

El vínculo entre el nervio vago y el síndrome del intestino irritable

El síndrome del intestino irritable (SII) es uno de los trastornos intestinales más comunes, caracterizado por síntomas como dolor abdominal, distensión, diarrea y estreñimiento. El estrés y la mala comunicación entre el cerebro y el intestino son desencadenantes. Aquí es donde entra en juego el nervio vago.

Los estudios han demostrado que la estimulación óptima del nervio vago puede aliviar los síntomas del

SII al restablecer el equilibrio de la motilidad intestinal y reducir la inflamación. Un nervio vago sano actúa como un "reinicio" para el sistema digestivo, mejorando la comunicación entre el cerebro y el intestino y promoviendo una digestión más suave y menos dolorosa.

Estimulación vagal y microbioma intestinal

El microbioma intestinal, formado por billones de bacterias, es esencial para la digestión y tiene un impacto significativo en el sistema inmunológico, el metabolismo e incluso el estado de ánimo. Los desequilibrios en el microbioma pueden provocar trastornos gastrointestinales y sistémicos. La estimulación vagal puede influir positivamente en el microbioma intestinal, fomentando el crecimiento de bacterias beneficiosas y reduciendo las dañinas. De esta forma, ayuda a restablecer un equilibrio saludable en el intestino, reduciendo la inflamación y la disbiosis (desequilibrio bacteriano).

Métodos para estimular el nervio vago

Existen varias formas de estimular el nervio vago, lo que favorece la salud intestinal:

1. **Técnicas de relajación:** Prácticas como el yoga y la meditación favorecen la activación

del sistema parasimpático, del cual el nervio vago es un elemento clave. A través de posturas específicas y momentos de relajación mental, estas actividades pueden mejorar la función intestinal y promover el equilibrio del microbioma.

2. **Exposición al frío:** La exposición a temperaturas frías, como duchas frías o inmersiones en agua fría, puede activar el nervio vago, ayudando a regular la función intestinal y reducir la inflamación.

3. **Estimulación vocal:** Cantar, emitir sonidos profundos o realizar vibraciones guturales estimula el nervio vago a través de las cuerdas vocales, mejorando la comunicación entre el cerebro y el intestino.

4. **Tecnologías avanzadas:** Los dispositivos no invasivos, como los parches de estimulación vagal, representan una opción moderna para activar el nervio vago y mejorar el bienestar intestinal.

Cuidar el nervio vago es fundamental no solo para la salud intestinal, sino también para el bienestar físico y emocional. Con técnicas naturales y modernas, combinables entre sí, podemos afrontar eficazmente trastornos como el SII y mejorar nuestro equilibrio físico y emocional.

CAPÍTULO 14: LA IMPORTANCIA DEL SUEÑO Y EL NERVIO VAGO

Imagina despertarte renovado, con la mente fresca y el cuerpo lleno de energía, listo para afrontar el día. Esto no es solo una fantasía: es una realidad que puedes lograr mejorando la calidad de tu sueño y apoyando tu sistema nervioso. En particular, el nervio vago desempeña un papel crucial a la hora de promover un descanso profundo y regenerador.

En una era donde el insomnio y los trastornos del sueño son cada vez más comunes, es fundamental entender cómo cuidar tu cuerpo para dormir mejor. Durante el sueño, el cuerpo se repara, el cerebro procesa las experiencias del día y el sistema nervioso se reequilibra.

Dormir: una fase esencial para la recuperación

Dormir no es solo un descanso, sino un proceso

vital. Durante la noche, el cuerpo recupera energía, repara tejidos y elimina toxinas acumuladas. La ciencia demuestra que dormir poco o mal puede acarrear consecuencias negativas, como problemas cardiovasculares, desequilibrios metabólicos, ansiedad y dificultades cognitivas, entre otras.

La calidad del sueño depende del equilibrio entre el sistema nervioso simpático, responsable de la activación, y el sistema parasimpático, que favorece la relajación. El nervio vago, clave del sistema parasimpático, es fundamental para lograr este equilibrio.

El nervio vago y su impacto en el sueño

El nervio vago ayuda al cuerpo a pasar de un estado de tensión a un estado de relajación, creando las condiciones ideales para un sueño profundo. Cuando está activo, el nervio vago ralentiza el ritmo cardíaco, reduce la presión arterial y promueve una sensación de calma. Este proceso también ayuda a reducir los pensamientos obsesivos y la hiperactividad mental, una de las principales causas del insomnio.

Estrategias para estimular el nervio vago y mejorar el sueño

Aquí tienes algunas técnicas prácticas que puedes integrar en tu rutina nocturna para estimular el nervio vago y promover un mejor sueño:

1. Estiramientos suaves

Los movimientos suaves y los estiramientos relajantes pueden aliviar la tensión muscular y preparar el cuerpo para el descanso. Dedica unos minutos a hacer ejercicios sencillos, como estirar la espalda o el cuello, para calmar tu sistema nervioso.

2. Baños o duchas calientes

Sumergirse en agua caliente o tomar una ducha relajante antes de dormir ayuda a relajar los músculos y reducir el estrés acumulado durante el día. Este hábito crea un ambiente ideal para promover un sueño tranquilo.

3. Escuchar sonidos relajantes

La música suave, los sonidos de la naturaleza o el ruido blanco pueden crear una atmósfera tranquila, ideal para relajar el sistema nervioso. También puedes probar con instrumentos como diapasones o sonidos vibratorios que estimulen el nervio vago.

4. Técnicas de voz

Murmurar, cantar o emitir sonidos guturales puede estimular directamente el nervio vago, favoreciendo un estado de relajación. Esta práctica es sencilla y se puede realizar justo antes de acostarse.

5. Nutrición y ritmos nocturnos adecuados

Evita las comidas copiosas o estimulantes antes de dormir. Incluye en tu dieta alimentos ricos en magnesio y otros nutrientes que apoyan el sistema nervioso, como verduras de hojas verdes y nueces. Una infusión de hierbas caliente puede completar el ritual nocturno.

El nervio vago y su relación con el insomnio

Cuando aumenta el estrés, el sistema simpático puede permanecer hiperactivo, interfiriendo con el sueño. Estimular el nervio vago ayuda a restablecer el equilibrio de esta condición, reduciendo los niveles de cortisol y favoreciendo un sueño profundo y regenerador.

Dormir bien es la base de una vida sana y equilibrada. Integra algunas de las estrategias descritas anteriormente en tu rutina nocturna para estimular el nervio vago y promover un mejor descanso. Así despertarás tu cuerpo y tu mente con energía y claridad cada mañana. Hoy puedes comenzar a cuidar tu bienestar: tu sueño y tu nervio vago serán tus aliados más preciados.

CAPÍTULO 15: EL NERVIO VAGO Y LA ESPIRITUALIDAD

Imagínate en un estado de profunda conexión interior, donde tu mente se libera de pensamientos incesantes y tu cuerpo alcanza una sensación de paz y bienestar. Este estado no solo refleja tu equilibrio físico y mental, sino que también puede representar un camino hacia una experiencia espiritual más intensa y auténtica. En este capítulo, exploraremos la profunda conexión entre el nervio vago y tu experiencia espiritual, cómo su estimulación puede fomentar la conexión contigo mismo y con el universo, amplificando tu experiencia interior.

Espiritualidad y cuerpo: una interacción profunda

La espiritualidad a menudo se experimenta como un viaje interior, un camino hacia una conexión más profunda con lo divino o con una fuerza universal. Ya sea una práctica religiosa, filosófica o de simple introspección, la espiritualidad tiene el poder de transformar la percepción de uno mismo y del mundo circundante. No es solo un proceso mental y emocional: el cuerpo juega un papel fundamental. A través de la conexión con el cuerpo, estimulamos respuestas fisiológicas que nos permiten vivir experiencias más profundas. El nervio vago, componente central del sistema nervioso parasimpático, se convierte en un facilitador de la integración de cuerpo y espíritu, permitiéndonos acceder a estados de conciencia y paz interior.

¿Qué es el nervio vago y por qué es importante para la espiritualidad?

El nervio vago es el componente principal del sistema nervioso parasimpático y regula las respuestas de relajación y regeneración. Cuando se estimula, promueve un estado de calma que reduce el estrés y nos ayuda a encontrar el equilibrio. Desde un punto de vista espiritual, esta estimulación puede verse como un "paso" que nos permite acceder a una conexión más profunda con nosotros mismos y con lo divino.

Cuando el nervio vago está activo, la mente y el cuerpo se armonizan, favoreciendo la reflexión, la introspección y una mayor sensibilidad hacia nuestro entorno. Estimular el nervio vago no solo promueve el bienestar psicofísico, sino que también intensifica la experiencia espiritual, permitiéndonos percibir la conexión con el universo de una manera más auténtica.

El nervio vago y la conexión con la espiritualidad

Cuando se estimula el nervio vago, la mente se abre a nuevas experiencias y percepciones. Esta apertura es fundamental para profundizar la conexión espiritual y amplificar la experiencia interior. Un nervio vago bien estimulado permite entrar en un estado de calma profunda, favoreciendo la reflexión y la conciencia, fundamentales para vivir una auténtica experiencia espiritual. En este estado de tranquilidad, es más fácil sentir una sensación de unión con el universo y conexión con algo más grande.

Prácticas para estimular el nervio vago y mejorar la espiritualidad

Además de las prácticas ya mencionadas, existen otras actividades que pueden estimular el nervio vago y mejorar tu experiencia espiritual:

1. Silencio y reflexión

Pasar tiempo en silencio, tal vez en un entorno natural, promueve la relajación del sistema nervioso y estimula la conciencia, creando un espacio para la conexión espiritual.

2. Música relajante o espiritual

Escuchar melodías tranquilas, cantos sagrados o sonidos de la naturaleza puede activar el nervio vago y llevarte a un estado de tranquilidad y apertura.

3. Movimiento consciente

Prácticas como el yoga o el tai chi integran movimiento y respiración, estimulando el nervio vago y creando un estado de equilibrio entre cuerpo y mente.

4. Contacto con la naturaleza

Pasar tiempo al aire libre, caminar descalzo sobre el césped o simplemente observar un atardecer, puede tener un poderoso efecto calmante sobre el sistema nervioso y amplificar tu conexión con el universo.

Estimular el nervio vago no es solo un medio para mejorar el bienestar físico y mental, sino también una forma de profundizar tu experiencia espiritual. A través de prácticas que integran cuerpo, mente y espíritu, podrás descubrir nuevas dimensiones de conciencia y paz interior, y experimentar una conexión más auténtica contigo mismo y el universo.

CAPÍTULO 16: EL NERVIO VAGO EN LA MEJORA DEL RENDIMIENTO

Cuando pensamos en el rendimiento, ya sea cognitivo, físico o profesional, muchas veces nos centramos en la fuerza de voluntad, el esfuerzo y las estrategias. Sin embargo, hay un elemento crucial que frecuentemente se pasa por alto: nuestro sistema nervioso. En particular, el nervio vago juega un papel crucial cuando se trata de gestionar el estrés, recuperarnos de la fatiga y optimizar el rendimiento en diversas áreas, desde la actividad física hasta la concentración mental. En este capítulo, exploraremos cómo la estimulación del nervio vago puede impactar positivamente tus habilidades, proporcionándote técnicas prácticas para mejorar la concentración, la fortaleza mental y la resiliencia.

El nervio vago y el rendimiento: un vínculo sutil pero poderoso

El nervio vago, un componente clave del sistema nervioso parasimpático, se destaca por su función en el equilibrio de las respuestas fisiológicas del cuerpo. Cuando el nervio vago está activo, podemos afrontar mejor el estrés y recuperarnos rápidamente. Este "regulador fisiológico" no solo nos ayuda a mantener la calma y la claridad mental durante situaciones de alta presión, sino que también mejora nuestra capacidad para concentrarnos y mantener un alto rendimiento físico y mental.

Concentración: el nervio vago como puerta de entrada

La concentración es un componente esencial de cualquier actuación. Sin embargo, en la vida moderna, las distracciones y el estrés a menudo obstaculizan nuestra capacidad de concentración. Cuando estimulamos el nervio vago, el sistema parasimpático entra en acción promoviendo un estado de calma que facilita una mayor claridad mental. Esto nos permite reducir las distracciones y centrarnos en tareas importantes, aumentando la productividad y el rendimiento.

Una forma sencilla de mejorar la concentración es integrar en tu rutina actividades que relajen el sistema nervioso, como escuchar música relajante o utilizar técnicas de visualización positivas.

Fortaleza mental: superar los límites

La fortaleza mental es la capacidad de perseverar frente a los desafíos y dificultades. Gracias a su papel como regulador del sistema nervioso, el nervio vago favorece la capacidad de mantener la calma bajo presión y superar momentos críticos. Esta regulación reduce el impacto del estrés psicológico, permitiéndote afrontar las dificultades con mayor fuerza y claridad.

Técnicas como el masaje en el área del nervio vago o la adopción de prácticas relajantes durante las pausas laborales pueden ayudar a aumentar la resiliencia mental y mejorar el rendimiento en situaciones difíciles.

Recuperación: recuperar el equilibrio

La recuperación es fundamental para mantener un alto rendimiento en el tiempo. Después de cada esfuerzo, el nervio vago ayuda a que cuerpo y mente vuelvan a un estado de equilibrio, facilitando los procesos de regeneración. Esta resiliencia no solo se trata de regeneración física, sino también de restaurar la claridad mental y la motivación.

Incorporar a tu rutina prácticas como estiramientos, masajes o escuchar música relajante puede acelerar la recuperación, reducir la percepción de fatiga y optimizar tu bienestar general.

Técnicas prácticas para estimular el nervio vago y mejorar el rendimiento

Aquí hay algunas técnicas prácticas que puedes implementar en tu vida diaria para optimizar la concentración, la resistencia mental y la recuperación:

1. **Masaje en el área del nervio vago:** Masajear suavemente el área detrás de las orejas o a lo largo del cuello puede estimular el nervio vago, reduciendo el estrés y mejorando la recuperación.

2. **Visualización positiva:** Imaginar escenarios positivos y motivadores puede activar el sistema parasimpático, ayudándote a mantener la calma y la concentración.

3. **Estiramientos relajantes:** La práctica de estiramientos ligeros no solo reduce la tensión muscular, sino que también estimula el sistema nervioso parasimpático, mejorando la recuperación.

4. **Escuchar música relajante:** La música relajante es un eficaz activador del nervio vago, favoreciendo la relajación y contribuyendo a un mejor manejo del estrés.

El nervio vago no es solo un componente del sistema nervioso, sino un valioso aliado para mejorar el rendimiento. Estimularlo regularmente te ayudará a desarrollar una mayor concentración, una resistencia mental superior y una recuperación más rápida. Incorporar estas técnicas en tu rutina diaria te permitirá afrontar con éxito los desafíos de la vida y destacar en todos los ámbitos, desde el trabajo hasta el deporte.

CAPÍTULO 17: NERVIO VAGO Y LONGEVIDAD

Imagina tu cuerpo como un organismo perfectamente diseñado para funcionar a lo largo del tiempo, manteniendo su potencia y eficiencia a lo largo de los años sin sobrecalentarse. Este organismo es nuestro cuerpo, y uno de los elementos más cruciales y muchas veces ignorados que contribuyen a su óptimo funcionamiento es el nervio vago. Investigaciones recientes han demostrado cómo el tono vagal (es decir, la actividad y eficiencia del nervio vago) es un marcador esencial para una vida larga y saludable.

En este capítulo exploraremos cómo el nervio vago afecta a nuestro bienestar diario y cómo juega un papel fundamental en la prevención de enfermedades crónicas, ayudando a mantener una vida sana y duradera. Descubriremos que cuidar el nervio vago es un paso fundamental para mejorar la calidad de vida y garantizar un bienestar duradero.

Tono vagal: un marcador de salud y longevidad

Para comprender cómo el nervio vago puede afectar la longevidad, es necesario comprender el concepto de "tono vagal". Este término se refiere al nivel de actividad del nervio vago y su capacidad para mantener el equilibrio entre el sistema nervioso simpático (que responde al peligro, activando "luchar o huir") y el sistema parasimpático (que promueve la relajación y la recuperación).

Un tono vagal elevado indica que el cuerpo puede responder de manera eficiente a los estímulos externos y recuperarse rápidamente del estrés, mientras que un tono vagal bajo a menudo se asocia con una mayor predisposición a las enfermedades crónicas. Tener un buen tono vagal es, por tanto, fundamental para mantener el organismo en estado de equilibrio y prevenir numerosos problemas de salud.

El nervio vago y el sistema inmunológico

El nervio vago no solo regula el sistema nervioso, sino que también desempeña un papel crucial en el refuerzo del sistema inmunológico. Funciona a través del "reflejo vagal", que ayuda a reducir la inflamación en el cuerpo. La inflamación crónica es un factor de riesgo para muchas enfermedades, incluidas las enfermedades cardiovasculares, la diabetes y algunos tipos de cáncer. Estimular el nervio vago puede ayudar a reducir la inflamación, proteger el cuerpo y promover una vida sana y duradera.

Nervio vago, estrés y enfermedades crónicas

El nervio vago es fundamental para controlar el estrés, un factor de riesgo importante para la salud a largo plazo. Un nervio vago activo permite que el cuerpo restablezca rápidamente el equilibrio después de un período de estrés. Sin embargo, el tono vagal bajo reduce esta capacidad, aumentando el riesgo de desarrollar enfermedades como:

- **Enfermedad cardiovascular:** el estrés crónico aumenta la presión arterial y el ritmo cardíaco. Un nervio vago sano ayuda a mantener estos niveles bajo control.
- **Trastornos metabólicos:** el tono vagal bajo está asociado con la obesidad y la diabetes tipo 2, ya que el nervio vago regula el metabolismo.
- **Enfermedades neurodegenerativas:** El estrés y la inflamación crónica son factores de riesgo para enfermedades como el Alzheimer y el Parkinson. Un buen tono vagal ayuda a proteger el cerebro.

Técnicas para estimular el nervio vago y favorecer la longevidad

Existen varias prácticas diarias que puedes integrar en tu rutina para estimular el nervio vago y mejorar la salud general, contribuyendo así a la longevidad:

1. **Actividad física regular:** El ejercicio aeróbico moderado, como caminar, nadar o trotar, estimula el nervio vago, ayudando a reducir el estrés y mejorar la salud cardiovascular.

2. **Técnicas de relajación:** Prácticas como el yoga y el Tai Chi, que combinan movimiento y conciencia, son especialmente efectivas para fortalecer el tono vagal y promover una relajación profunda.

3. **Exposición al frío:** Las duchas frías o los baños de agua fría activan el nervio vago, mejorando la capacidad de adaptación al estrés y estimulando el sistema inmunológico.

4. **Estimulación sonora:** Los sonidos armoniosos, como los naturales o las melodías calmantes, pueden activar el nervio vago, ayudando a reducir la inflamación y mejorar el bienestar psicofísico.

Cuidar su nervio vago significa autocuidado a largo plazo. Integrar estas sencillas prácticas en tu vida diaria te ayudará a mejorar la calidad de tu vida, prevenir enfermedades crónicas y disfrutar de una mayor vitalidad. Un nervio vago sano es un aliado fundamental para vivir una vida larga, equilibrada y vital.

CAPÍTULO 18: INTEGRACIÓN DEL NERVIO VAGO EN LA VIDA DIARIA

Imagina tener un aliado secreto siempre a tu lado, listo para intervenir cuando el estrés se vuelve demasiado intenso o se acumula la fatiga. Este aliado es tu nervio vago. Correctamente activado, puede convertirse en un recurso diario para mejorar la salud, la energía y el bienestar, favoreciendo el equilibrio entre cuerpo y mente.

Integrar la estimulación vagal en tu vida diaria puede parecer un desafío, pero en realidad es simple y natural. En este capítulo exploraremos técnicas prácticas y fáciles de incorporar a tu rutina sin complicaciones. El nervio vago se puede activar sin dificultad durante las actividades diarias, ayudándote a encontrar la calma y la concentración mientras trabajas, socializas o te relajas.

El papel crucial del nervio vago

El nervio vago es el "conductor" del sistema nervioso autónomo, responsable de funciones esenciales como los latidos del corazón, la digestión y la respuesta al estrés. Cuando su tono es alto, el cuerpo gestiona mejor el estrés y se recupera rápidamente de los momentos de tensión. Por el contrario, un tono bajo puede provocar problemas como ansiedad, fatiga crónica y dificultad para relajarse.

Tomar conciencia de estos mecanismos es el primer paso para integrar el nervio vago en tu vida diaria. Con medidas sencillas podrás mejorar tu tono vagal y beneficiarte de él para tu salud física, mental y relacional.

1. Prácticas de autocuidado: reducir el ritmo y recuperarse

La vida moderna nos empuja a correr constantemente, pero el nervio vago prospera cuando nos tomamos momentos para reducir el ritmo y recuperarnos. No se trata de cambiar por completo tu día, sino de integrar pequeños descansos regeneradores:

- **Pausa para el almuerzo consciente:** Comer lenta y cuidadosamente reduce el estrés y promueve la digestión. Dedica 15 minutos a tu comida, saboreando cada bocado sin distracciones.

- **Actividades relajantes:** Al final del día, prácticas como un masaje en el cuello, una ducha tibia o el uso de una manta con peso pueden liberar la tensión muscular y ayudar a la recuperación.

2. Movimiento y actividad física

El movimiento regular es un poderoso estimulador del nervio vago. No es necesario un entrenamiento intenso: incluso una caminata diaria de 20 a 30 minutos al aire libre puede mejorar el tono vagal, favorecer la digestión y reducir el estrés. Actividades como el tai chi, el yoga y la natación son especialmente eficaces, ya que combinan el movimiento lento y la conciencia corporal. Si tienes poco tiempo, incluso una breve sesión de estiramiento puede marcar la diferencia.

3. Cultivar conexiones sociales

Las interacciones sociales positivas tienen un impacto significativo en el nervio vago. Sentirse conectado, reír y compartir momentos significativos reduce los niveles de estrés y promueve el bienestar mental. Dedica tiempo a las relaciones todos los días, incluso si se trata sólo de una llamada telefónica rápida, un paseo con un amigo o una conversación sincera con un colega. Estos momentos fortalecen el vínculo emocional y estimulan el sistema parasimpático.

4. Mejorar el descanso y el sueño

Un sueño de calidad es esencial para un nervio vago sano. Durante el descanso nocturno, el sistema parasimpático trabaja para regenerar el cuerpo y la mente. Para mejorar la calidad del sueño:

- **Crea una rutina nocturna relajante:** Apaga los dispositivos electrónicos al menos 30 minutos antes de acostarte y opta por actividades relajantes, como leer o escuchar música tranquila.
- **Mantén horarios regulares:** Dormir y despertarse al mismo tiempo promueve un ritmo circadiano estable y una recuperación óptima.

Experimenta y escucha a tu cuerpo

Integrar la estimulación del nervio vago en tu vida no requiere grandes esfuerzos, sino pequeñas precauciones diarias. Cada paso que das para mejorar el tono vagal es una inversión en una vida más equilibrada, saludable y feliz.

Prueba estas técnicas, observa los cambios y

encuentra lo que funciona mejor para ti. Con tu nervio vago como aliado, el bienestar se convierte en una realidad accesible cada día.

CONCLUSIÓN: EL VIAJE HACIA EL BIENESTAR CON EL NERVIO VAGO

Nos hemos adentrado en un fascinante viaje, explorando la conexión entre el nervio vago y el bienestar físico y mental. Hemos visto cómo este nervio, muchas veces ignorado y subestimado, es una de las claves más poderosas de nuestro equilibrio psicofísico. Y ahora, después de explorar las técnicas de estimulación vagal y las formas de integrarlas en la vida diaria, hemos llegado al final de un capítulo, pero no al final de nuestro viaje.

La estimulación del nervio vago no es una solución a corto plazo. Es un cambio profundo y sostenible, un arte a cultivar cada día, que te acompaña en cada paso de tu vida. Su capacidad para reducir los niveles de estrés, mejorar la gestión emocional, promover la calma y favorecer una mejor salud no es sólo una promesa teórica, sino una realidad científica consolidada. Con el nervio vago como aliado, puedes activar tu sistema parasimpático, la parte de tu sistema nervioso que te ayuda a volver a la calma, reducir la inflamación y promover la recuperación, tanto física como mental.

Un cuerpo y una mente en equilibrio

Hablamos de cómo las prácticas diarias, como la respiración profunda, el ejercicio, la conexión social, la relajación y el sueño, son claves para activar el nervio vago. Pero quizás te preguntes: "¿Por qué es tan importante integrar esto en todos los aspectos de mi vida?" La respuesta es sencilla: integrar el nervio vago en la vida cotidiana permite vivir una vida más equilibrada, resiliente y saludable.

La estimulación regular del nervio vago te ayuda a desarrollar una respuesta al estrés más equilibrada. No sólo te ayuda a responder mejor a los desafíos de la vida, sino que también te permite recuperarte más rápido, tener más energía y disfrutar de un bienestar duradero. En la práctica, el nervio vago es tu aliado en cada momento de dificultad o cansancio. Cada vez que afrontes un día ajetreado, estés inmerso en una discusión o te sientas abrumado, puedes activar las estrategias aprendidas para reequilibrar tu cuerpo y mente.

Y no se trata sólo de un "estado temporal de calma". La estimulación del nervio vago es un proceso que, si se practica con constancia, te transforma. Puede romper barreras que nos impiden vivir plenamente, reducir la ansiedad y mejorar el estado de ánimo, aumentando así la calidad de vida. Es una invitación a vivir más conscientemente, a frenar, a sentir y a respirar. Cada pequeño gesto, como una respiración profunda o un momento de pausa durante el día, es un paso hacia el bienestar integral.

El poder de la atención plena

Uno de los aspectos más bellos del viaje hacia el bienestar a través de la estimulación del nervio vago es el poder de la atención plena. Ser consciente de cómo el cuerpo reacciona y responde al estrés, cómo las emociones influyen en nuestro estado físico, nos permite estar más presentes y tomar mejores decisiones para nuestro bienestar. La atención plena es la clave que nos permite transformar nuestra experiencia diaria, elegir activamente nuestro estado interno, en lugar de reaccionar pasivamente ante los eventos externos.

Cada paso que das hacia la estimulación del nervio vago es una elección consciente de cuidar de ti mismo, de valorar tu cuerpo y tu mente. Esta no es una batalla que ganar, sino un proceso de atención y escucha. Cuanto más aprendes a cuidarte, más responde positivamente tu cuerpo y más mejora tu vida.

Un llamado a la acción: continúa tu viaje

Ahora que comprendes más profundamente el nervio vago y cómo estimularlo, es hora de actuar. No dejes que el conocimiento quede solo en teoría. Pon en práctica lo aprendido. Cada día es una nueva oportunidad para aumentar tu bienestar, una oportunidad para integrar conscientemente el nervio vago en tu rutina. No es necesario realizar grandes cambios todos a la vez. Empieza con pequeños pasos: una pausa para respirar profundamente, un paseo al aire libre, unos minutos de relajación antes de acostarse. Todos estos momentos ayudan a fortalecer tu sistema nervioso y mejorar tu bienestar general.

No olvides que el viaje nunca termina. Cada día puedes hacer algo nuevo, puedes profundizar tu atención plena y puedes continuar explorando el potencial del nervio vago como herramienta para una vida sana, equilibrada y feliz.

Los invito a seguir con curiosidad y compromiso. Cada paso que des te acercará al bienestar que mereces, tanto física como mentalmente. Tu salud es un camino continuo y la estimulación del nervio vago es una poderosa herramienta para abordarla con serenidad, energía y fuerza.

El comienzo de tu nueva vida empieza ahora

¿Estás preparado para transformar tu vida? Cada respiración, cada instante de atención plena, cada gesto de cuidado hacia ti mismo es una muestra de amor hacia tu cuerpo y tu mente. Es un acto de fortalecimiento, una forma de reconectar con tu ser más profundo. El nervio vago, tu puerta hacia una vida más equilibrada, saludable y plena, te invita a dar el primer paso. No esperes ni un minuto más: empieza hoy mismo.